ロベール・ボワイエ

自治と連帯のエコノミー

❖

山田鋭夫訳

藤原書店

Robert Boyer

L'économie sociale et solidaire

Une utopie réaliste pour le XXIe siècle ?

自治と連帯のエコノミー

目次

自治と連帯のエコノミー

はしがき

本書は三つの疑問が合流するところに位置している。

第一の疑問は、第二次世界大戦後に生まれた成長レジーム〔フォーディズム体制〕が枯れ果てた時点にさかのぼる。いかなる社会経済レジームがこれに替りうるのだろうかという疑問である。レギュラシオン理論から着想を受けた研究は、経済のサービス化によって、世界貿易と資本移動による国際化によって、さらには世界レベルに普及した金融革新に促迫された力学によって主導される成長のさまざまな機会について、これらを次々と分析してきた。最終的には、二一世紀の発展様式は「人間形成的（アントロポジェネティーク）」なものになるかもしれないと主張するに至った。その意味は、人間労働が本質的に教育・医療・文化に割り当てられ、もはや利潤追求衝動のもとでの富の蓄積には割り当てられない、ということである。それに見合っていくつかのセクターが生まれ、そのもとではさまざまな形態の社会的連帯経済が繁栄することになろう。

もう一つの疑問は、二〇一九年、私がアミアン大学で開催されたＡＥＳ（社会的経済学会）

の行事に参加したことから生まれた。社会的連帯経済の現状と将来について、レギュラシオン理論はいかなる診断を下すのか。こうした背景があって最初の仮説が定式化されたが、それは今日ではもっと高度な展開をとげている。

最後に、本書を決定的に後押ししたのは、新型コロナ・パンデミックの勃発であった。いわゆる必要不可欠（エッセンシャル）でないほとんどの経済活動が突然に停止されたが、それに刺激されて、「その後の世界」は何でありえ、何であるべきかについて反省がなされた。加えて、二〇二二年のフランス大統領選挙では、こうして始まった時代の戦略的課題について、とりわけ過去三〇年間にわたって追求されてきた国際化過程の限界にかんして、もっと掘り下げられてしかるべきであった。主要な政治的思潮はどれ一つとして、社会的連帯経済をありうる将来として言及していないのは、驚くべきことでないか。

本書はこれら三点の考察を中心に構成される。この本の特徴は、歴史的・比較的・理論的な各種のアプローチを組み合わせる点にあり、それと同時に、経済活動を緊密な社会的紐帯（つながり）や固有に政治的な課題のなかに組み入れる点にある。

序説

二〇二〇年に始まったコロナ・パンデミックは、二〇〇八年の金融的経済的危機をはるかに超えて、今日、多くの病に苦しんでいる社会の将来にかんして鋭利な問いを提起した。すなわち、金融不安定性はますます深刻な危機に直面しており、不平等が拡大し社会が両極化してもはや妥協の余地がなくなってしまい、代議制民主主義への信頼喪失が一般化し、政府の正統性の欠如によってパンデミックとの闘いや気候変動阻止の努力が麻痺しているのである。こうした文脈にあって、この袋小路を乗り越えるために、さまざまな提案やユートピアが花開くことが期待されるかもしれない。ところが何もない。例外的に質素な発展様式という目標が提起されているが、ではどうやってそこに到達するのか。市場的インセンティブ〔利益追求〕によってか、それとも規制によってか。

この問題は、その創設以来ずっと政治経済学についてまわった論争を再開させることになる。つまり、市場競争に限界があるとすれば、国家はどのように介入すべきか。ひるがえって、民間のイノベーションはどのように政府政策を不安定化させるか。市場諸力の自由化の局面と、国家――それはもっぱら市場的な論理（ロジック）による被害を修復するために介入する――のイニシアティブによる集団行動への復帰の局面との交替という観点から、思想や経済理論の歴史を説明することができる。

こうして、市場メカニズムへの信頼が三〇年つづいた後、二〇二〇年代の始まりは、市民の保護者にしてシステミック・リスクの予防者たる国家への回帰によって特徴づけられているようにみえる。これは新しい介入主義時代の始まりなのだろうか。われわれは、国家と市場の間の振り子運動を何度も見なければならないのだろうか。

社会的連帯経済（ＥＳＳ：économie sociale et solidaire）*は長らく第三の道を提案してきた。それは、生産・消費・資金調達にかんして地域レベルで遭遇する困難を乗り越えるために、イノベーションを起こしていく集団の自己組織化に立脚するものである。この第三の道ということが、社会や政治領域で広く議論されているオルタナティブのなかで、その構成要素になっていないということを、どう説明するのか。アフター・コロナの社会経済レジームは何でありえ、何であるべきかにかんする論争のうちに、ＥＳＳはなぜもっと居場所が与えられていないのか。

＊「社会的連帯」の語はとっつきにくい感があるが、さしあたり「助け合い」「共助」のことだと理解されたい。「経済」の語は「エコノミー」の本義にさかのぼれば「暮らし」である。つまり「社会的連帯経済」とは、まずは「助け合いのある暮らし」のこと。くわしくは、巻末の〈解説〉を参照（訳者）。

この本は、経済理論と歴史分析を交差させた比較アプローチを紹介しながら、こうした問題の総体に何らかの回答を提起する。

何よりもまず第一に、新しい制度経済学がもたらした学問的躍進（ブレークスルー）によって、市場の水平性と国家の垂直性との伝統的対立が超克されるようになったことがわかる。というのもこの経済学によって、市民社会で行動する人たちは、経済の調整様式に参画する独自な組織諸形態を案出する能力をもっていることが示されたからである。例えばコミュニティ、ネットワーク、アソシアシオンは、それぞれ、経済だけに還元できない社会の実現に寄与するコーディネーション・メカニズム〔調整装置〕なのである。これらはＥＳＳを構成していくのだろうか。それは、当事者自身が動員しうる力の性質に大いに依存しているのである（**第1章**）。

ところがこの点は、社会的連帯経済プロジェクトのアキレス腱であるかもしれない。こうした欠陥は、ＥＳＳがとるさまざまな形態とは、地域（ローカル）および／ないし部門（セクター）の諸問題に対して当事者たちが見出すさまざまな実用的（プラグマティック）な回答だという事実に由来しているのかもしれない。地域や部門の諸問題の原因は、市場メカニズムの排外的かつ不平等な性格にあるか、あるいはこれと対称的に、いくつかの国家介入の重圧や非効率にあるかである。ESSでは理論化よりも先に実践がある。ESS分野の長期的進化とともに集積された無数の目標・組織・法的地位を統合すべく、苦労しながら理論化がなされてきた。発生しつつある諸問題に反応すると、代償として、「ESS銀河系」の一貫性が多分に怪しくなってくる（**第2章**）。

というわけで、ESSが社会経済レジームの危機の娘だという事実から、好況が再来したら、ESSの役割は自己を拡大するのでなく安定化させる点にあるということが説明される。イノベーションが総体となって相互に作用しあい、場合によっては、相乗効果を発揮して以前の構図に取って替わるまでになるのには時間がかかるだけに、ますますそう言える。こうして、あるレジームから他のそれへの移行を保証する過程をどう特徴づけるかという難問にぶつかる。このとき歴史が教えることは、およそ制度化というものは政治的なものの介入を想定しているということである。もっぱら経済的な過程から生まれたレジームなど、めったにないからである（**第3章**）。

市場・国家・ESSは相異なった特性と目的をもっているからには、それらはそれぞれにコーディネーション・メカニズムをなすのであって、どれか一つだけがレジームの先導役を果たすのだと言い張ることはできないことを認識せねばならない。ESSの強みは連帯原理に由来しており、これは本質的に対等な人びとの間で行使される互酬性関係に立脚している。だからＥＳＳには、市場関係で可能となるような広範な空間にまで拡大する力はない。同じく、近代国家は法的強制力の受託者であるが、ＥＳＳはそういった強制力を用いることはできない。一方で市場のご都合主義と拡張能力、他方でゲームのルール設定における国家独占、――この両者に締め付けられて、ＥＳＳは、将来性ある社会経済レジームの堅固な核心をつくり上げるためには、ほんのわずかな切り札しかもっていない。

今日における多くの研究はこう強調する。すなわち、およそレジームというものは、経済過程、政治的支持、正統化の論拠が交わる点に成立するのだ、と。そして一番強力な正統化の論拠は、おそらく、科学的に練り上げられたものを持ちだしうるそれであろう、と。この点ＥＳＳは、何よりも理論化を求める実践である。ところが理論的提案は多数にのぼり、しばしば敵対的とみなされているパラダイムからも借用しており、時の経過とともに不断に変化している。論者たちは代わる代わる、国家と市場、連帯と自由、資本主義と社会などのちょうど中間点にいるのだと自己弁護してきた。こうした折衷主義は、資本主義と同様に矛盾的かつ不安定な経済システムにどれほどの生命力があるのかにかんして、市場原理主義者からも、国家の決定的役割の信奉者からも、すぐにも告発されそうな弱点である（**第4章**）。

それゆえ核心的問題は次の点にある。すなわち、互酬性（レシプロシテ）〔互恵性〕と連帯（ソリダリテ）が大黒柱となるようなレジームを構想することができるのか。

第一歩として、結局はごくわずかな例しかないが、自主管理（オートジェスチオン）〔自治〕の経験に回帰するのが、理解に役立つであろう。過去の度重なる失敗は、本質的に経済的なＥＳＳの構造的弱点によるものなのか、それとも、この失敗は、連合やヘゲモニー・ブロック〔支配的集団〕の欠如ゆえに政治的権力の支持がなかったことで説明されるのか（**第5章**）。たとえＥＳＳ（生産協同組合、地域通貨、連帯通貨）のイノベーションが出現する過程と、その後これが安定化する過程とが交互に起こるものだとしても、各々の構図は独自なものであって、特定の場所と時代のいかんに依存している（**第6章**）。実際、歴史はたんなる反復でない。文脈が変化すると、ＥＳＳに開かれる展望――その成功の機会――は影響を受ける。ところで二〇二〇年代の構図は、それが引き起こす多数の重大問題のゆえに、独自なものであり、おまけに前例なきものである。

ＥＳＳは多数あるのか、それとも、少なくとも開かれた選択肢の一つなのだろうか。科学研究、世界的供給網（グローバル・バリュチェーン）の再編、国際金融移動の再展開、気候変動といったように、各種プロセスが国際化する時代にあって、どのようにして連帯原理を発揮させるのか。

もう一つのアプローチは、レギュラシオン理論を引き合いに出す点にある。この理論が示すところによれば、社会闘争が行きつく先は制度諸形態の形成であり、これが各種市場の枠組みづくりに決定的な役割を果たす。例えば賃労働関係は労働市場の枠組みを定め、貨幣レジームは信用の枠組みをつくる。国家／経済関係や国際関係への統合のあり方も含めて、これらの制度諸形態は数々の社会経済レジームを定義することになる。

多くの経済学者は純粋経済という抽象化のうえで推論し、自分たちのモデルのうちにＥＳＳを組み込むのに難色を示している。他方、レギュラシオン理論はＥＳＳを、資本主義的な社会関係でもなく国家主体を支配する社会関係でもなく、独自な社会的生産関係の創出として分析する。

ところで、戦後の高度成長レジームが終焉するとともに、緊張関係は社会保護の問題へと差し向けられた。その結果、ＥＳＳが目指した筆頭の課題は、必然的に、とりわけ社会的紐帯の維持にかんする公的介入の失敗を補う点にあった。その結果、社会的連帯経済はますます、国家／経済関係の様相において現れ、もはや賃労働関係のありうる後継者としては現れなくなった。これが現代社会においてＥＳＳが従属的な性格を示す理由の一つではなかろうか（**第7章**）。

とはいっても、こうしたあり方は運命的なものではない。というのも、社会危機、金融危機、健康危機、気候危機が結合して深刻化しており、それによって連帯の二重の刷新の可能性が開かれているからである。第一に、ＥＳＳは——今やあちこちで時代遅れとなっている——市場原理主義がもたらした個人主義の対極にある。ＥＳＳは第二に、社会的紐帯を再建するための民主化とイノベーションの特権的な場になっており、民主主義的な制御も牽制装置もない国際化の失敗を克服するために、市民たちに声援を送っている（第8章）。

以上の展望によって、現代世界においてＥＳＳの躍進に有利な諸要因が証明されることになった。しかしながら、市場と国家が保っている弁証法的関係の長い歴史に由来する各種表象があり、これによって引き起こされる阻害要因を過小評価してはならないだろう。地球という星を守ろうとする闘いと連携しつつ、政治闘争をぬきにしては、二一世紀の社会経済レジームにおいて市民社会の居場所はないだろう。

第1章

市民社会の発見

——市場 対 国家を超えて

一九九〇年代以降、経済学者は、経済というものは規範（ノルム）、制度編制（アランジュマン）、組織編制のネットワークのうちに埋め込まれているということを再発見した。このことは現代社会における社会的連帯経済〔ESS〕の役割を理解するための決め手をなす。

市場と国家の対立を超えて――制度編制の多様性

市場と国家が保持すべき関係については、政治経済学の歴史上、一貫して論争の的となってきた。市場と国家というこの二つのコーディネーション・メカニズム〔調整装置〕を同一次元に置くのは、一見して不可解なことである。一方で市場は、そこでは価格形成を通じて諸個人の意思決定の調整が可能となるという意味で、経済の基礎を構成すると見なされている。他方で国家は、合法的な暴力を独占的に掌握し、たんに経済領域のみならず社会全体を拘束する意思決定を下す。

市場は、利益によって動き、理論家の理想のなかでは平等だと見なされている各種行為主体（エージェント）間の水平的関係を組織する。国家はこれとはまったく別の論理のうえに立っている。つまり国家は、市民の服従義務に立脚しており、それは国家権力の垂直性に由来している。事実、こうした分析枠組みを採用するならば、市場 対 国家の議論は、政治権力とはまったく独立した自己調整的資本主義と、政治的目的に応じて国家が経済取引をコントロールする指令経済との区別ということになってしまう。

ところが、市場は、消費者や投資家と相互に作用しあう企業の存在なしには考えられない。そこから第二の二重性が登場する。すなわち、完全競争市場という水平性 対 賃労働者に対する企業家の権力という垂直性である。企業は利益――この場合は利潤――の論理を追求するが、企業組織の非対称性〔垂直性〕は、その権力が政治空間でなく経済空間で行使される点を除けば、国家と市民の間に存在する非対称性に匹敵する。

この二つの判断基準が交差することによって、〔市場・国家・企業に次ぐ〕第四の構図が、つまりコミュニティ〔共同体〕ないし市民社会という構図が明らかになってくる。これこそ社会的連帯経済が育ってくる土壌なのである。社会的連帯経済は義務と水平性を混合させつつ、多様な制度編制のなかで独自な位置を占めているのである。実際、個人的コミットメントと参加者の平等原則という点で、社会的連帯経済は国家とも市場とも区別される。こうした概念化から示唆されるのは、社会的連帯経済は市場や国家に取って替わるつもりはないし、それは競争・ヒエラルキー・権力関係でなく協力と平等が重んぜられる文脈のなかで発展するのだということである（**図1**参照）。

図にみる四つの極〔市場、企業、共同体／市民社会、国家〕のうえに、さらにハイブリッドな構

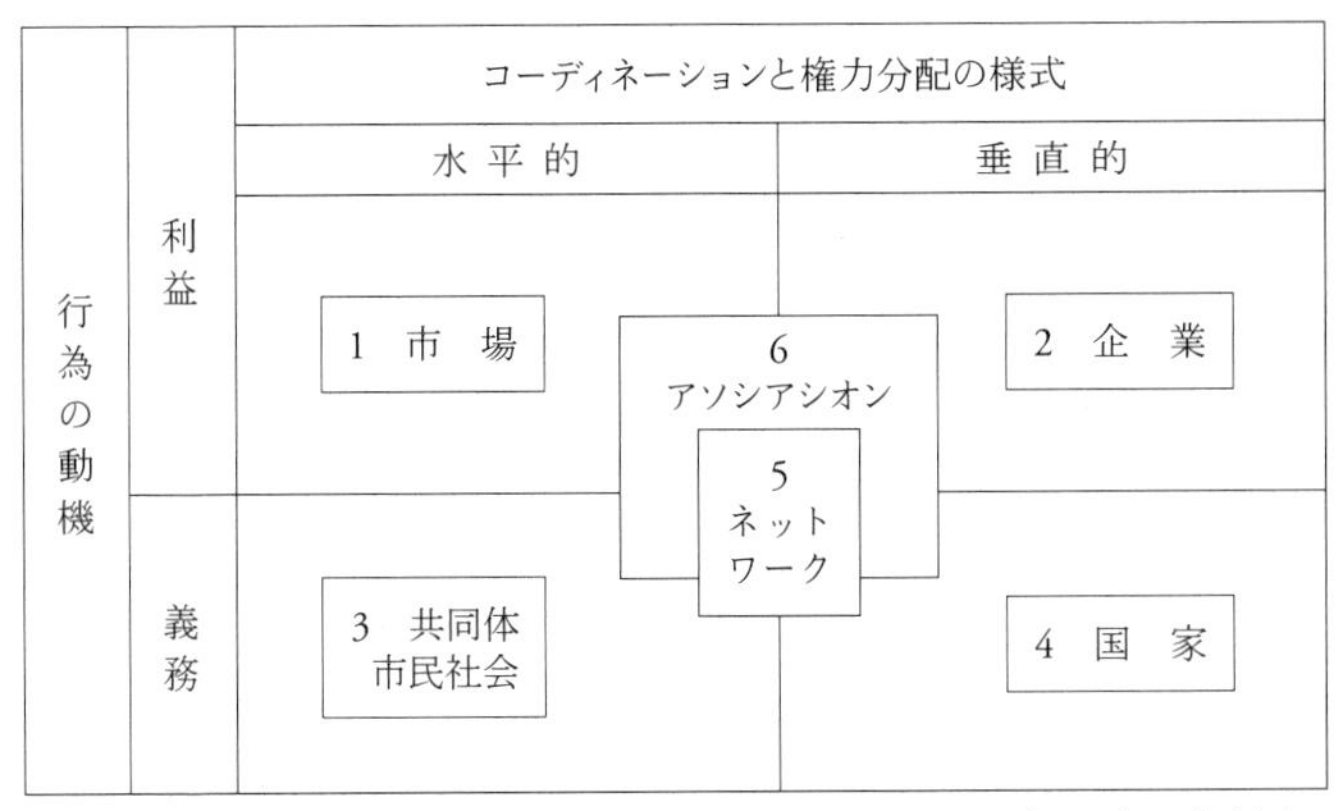

出典：Rogers Hollingsworth et Robert Boyer (dir.), *Contemporary Capitalism: The embeddedness of institutions*, Cambridge University Press, 1997.

図1　コーディネーション原理の分類

図が確認され、類別することができる。ネットワークとアソシアシオン〔最も広義には自由意思にもとづく「結社」「団体」のことだが、本書ではもう少し狭義に「非営利団体」を意味することが多い〕がそれであり、それはESSにとって興味ある二つの事例をなす。つまり、垂直統合型企業に対してはネットワーク型企業が対立しており、後者は、市場をまねたメカニズムに従って相互に競争することもある無数の事業所を調整している。他方、アソシアシオンは、一般的利益への関心とコミュニティ帰属意識がもたらす協力とを組み合わせることができる。ハイブリッド化の第三の例としてSCOP〔経営参加型協同組合〕を挙げることができるが、これは企業家精神と連帯とを両立させようとするものである。というわけで、ESS分析に代表される作業課題のほどが推し量られよう。

各種コーディネーション・メカニズムの補完性

このような分類を採用するならば、いかなるコーディネーション・メカニズム〔調整装置〕も単独では社会の調整（レギュラシオン）を保証しえないことが、容易に理解できる。それ自身の自由に委ねられ、あらゆるアクターの私利追求に衝き動かされた各種市場の総体は、捕食〔餌食（えじき）化〕、インサイダー取引、経済的不安定を、そして最終的にその正統性に抗議する社会紛争を巻き起こす。これこそ、商業資本主義および産業資本主義の発展に対する反作用として考案されたところの、協同組合や共済組合の起源ではなかったか（**第2章**参照）。その反対側で、経済全体を命令によって指揮しようとする国家は、しばしば中央レベルでの関連情報の欠如のゆえに、なくそうとしていたはずの欠乏を生み出すことに終わってしまう。ソ連型の社会経済レジームは一九九〇年に崩壊したが、その悲惨な効率性を思い起こしてほしい。

そこから、ある仮説を提起することができる。すなわち、コーディネーション・メカニズムはそれを個別にみれば不完全であるが、しかし各種コーディネーション・メカニズムが補完しあうからこそ、結果的に持続性のある制度的構図がもたらされるのであり、それというのも、それらのうち個々の失敗はこの補完性によって埋め合わされるからだ、という仮説である。(1) 紛争、経済的不均衡、金融危機が頻発するにもかかわらず、資本主義に回復力（レジリエンス）が備わっているのは、まさにこの複数性のゆえなのである。そしてそれには、最終審級での救済者たる国家とともに、社会的紐帯を防衛するＥＳＳも寄与している。ここに、標準的経済分析からの大きな方向転換が結果することになる。標準的経済分析は、市場はそれ自体として自足した基礎的な制度編制であり、参照点や理想として役立つべきものだと前提する。例えば株式市場は、ワルラスの一般均衡理論に至る抽象化において、中心的役割を担った[2]。しかしながら、こうした暗黙の参照点は、市場には存在しない諸特性を市場に与えることによって、現存する市場の作用を戯画化することになってしまった。

　経済社会学はこれと反対に、株式市場は一般に、インサイダー取引、粉飾会計、その他の隠蔽工作が繰り返し起こっても、それだけでは崩壊しはしないことを明らかにしている。金融従事者の貪欲と日和見主義は監視機関によって監視されている。監視機関の方はといえば、それが警戒義務を怠ったときには、犠牲の大きな金融危機をもたらす投機バブルの再発を避けるために、新しい法を適用しなければならない。ニューヨーク証券取引所（ＮＹＳＥ）の例をとってみよう。これは皮肉なことに、たとえ金融化の進展によって上場企業になったとはいえ、当初は非営利団体（アソシアシオン）であった。一九三四年以来、証券取引を監視する機関が設置されたが、それが証券取引委員会（ＳＥＣ）である。二〇〇一年、エンロンの破綻で明らかになった粉飾会計を受けて、株主らは政府に圧力をかけ、政府は上場企業の会計管理を強化する法を可決させた（二〇〇二年のサーベンス＝オクスリー法）。次いで、二〇〇八年のいわゆるサブプライム危機への対応として新法が制定され、それによって金融従事者らに課される規範やルールが大幅に増えた。こうして完全市場という外見のもと、彼らの御都合主義をうまく回路づけるような制度編制総体の補完性が見られることになった。国家と市場の二元論的（マニキアン）対立よ、さらば！ 競争的市場は「自然的」構図などでは決してなく、強力な集合的介入を前提しているのである。

市民社会が発展に参加する

市民社会に由来する制度編制もまた、農村社会の発展分析に関連して再評価されてきた。エリノア・オストロムによって初めて練り上げられたコモンズ〔共的資源〕の理論は、豊富なケーススタディを提供しており、さまざまな活動にとっての重要な資源を管理するための手続きを、地域の各種行為者がいかにして考案していくかを示してくれる。[3] これらの共同体（コミュニティ）は理論でなく実践によって、「コモンズの悲劇」を乗りこえることができた。コモンズの悲劇の主張によれば、一個同一の資源への限度なき利用はその過剰利用を招き、ついには資源の枯渇に至ってしまうという〔G・ハーディンの議論〕。しかし個人的所有権や市場に訴えるのでなく、集合的な管理ルールについての合意こそが、こうした一見運命的な事態を克服しうるのである。この研究は、地域レベルで結ばれる連帯がいかにして、市場競争や中央権力による命令によらないイノベーションや制度編制の培養土であるかを例証している。それゆえ肝心なのは、経済学の教義を貫くジレンマ〔市場か国家か〕を乗りこえることである。

とはいっても、こうした制度編制は、もっぱらそれのみが発展を起動する過程のなかで作用するのだと言い張ることはできなかろう。というのも、例えば工業による標準財の生産のためには、これとちがって、分業の利益や収穫逓増が動員されている。つまり生産量は労働量よりも速く成長し、これは工業化の強力な仲介役をなす。けれども、市場関係は公共財（法的枠組み、インフラ、教育、研究……）の生産を促進しえないことがわかっており、その公共財なくしては民間の自発的行動は実を結ばないのである。それゆえ、あれこれの形態の国家はおよそ発展様式なるものの第三の支柱をなす。

この場合、国家・市場・市民社会からなるこれらのコーディネーション様式は、単純に並列関係にあるのではない。それらは事実上、補完関係にあるのである。民間経済のダイナミズムが富を生産し、それが公共財のための資金調達に貢献する。公共財は公共財で、民間活動を促進する環境を提供する。市民社会の方はといえば、できるだけ地域の文脈に近いところで相互関係や再分配の機能を確たるものにする。そういった機能は、中央国家にとっては配慮が困難

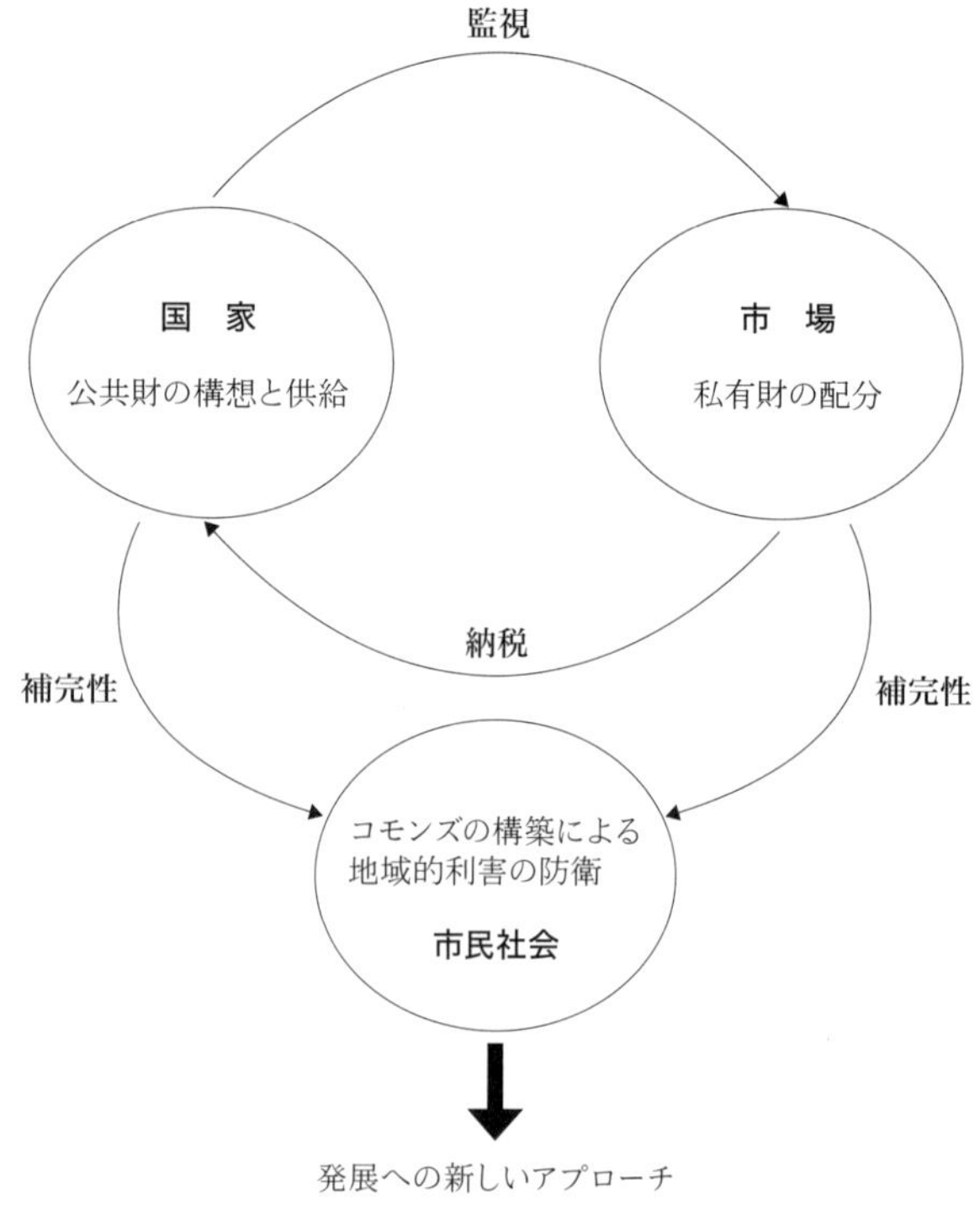
監視
国　家
公共財の構想と供給
市　場
私有財の配分
納税
補完性
補完性
コモンズの構築による
地域的利害の防衛
市民社会
発展への新しいアプローチ

図２　国家・市場・市民社会

なものであり、また反対に、純粋な市場関係によっては保証されないものである。要約的にいえば、市場・国家・市民社会の間の相乗作用(シナジー)こそが、各種の発展戦略を出現させ推進させうるのである(図2参照)。

以上の教訓は旧工業化経済に当てはまるのであり、以下の諸節でそれを示したい。このようにして、社会的連帯経済に正当な位置を与える制度派的枠組みを提起することができる(4)。

組織の諸論理・諸原理間の階層関係が多数あればESSの構図も多数ある

長期経済史の示唆によれば、いかなるコーディネーション・メカニズムも、それ単独では社会経済レジームの安定性を保証することはできない。

一方で、万人の万人に対する競争の結果たる経済危機の反復は、利潤論理から解放された公的介入によってしか乗りこえられない。そこから、国家によって徴収され再分配される所得の割合が長期的に増加していくことが説明できる。純粋市場経済の可能性にかんする中心的仮説は、事実によっていわば否定されている。

他方で、権力・権勢による政治の論理が自らを経済組織にまで適用しようとするとき、これに対応する社会経済レジーム——その象徴的な姿はソ連のレジームである——は、結局は、システミックな不足を克服できないことによる構造的危機に突き当たることになる。

というわけで市場の論理とは対称的に、国家の論理もそれ単独では一国の経済的持続性を保証できない、ということがわかる。ある意味で、一九七八年以降の中国の進路がもつ独自性は、いくつかの戦略的意思決定による政治的操縦と、公権力のコントロール下にある市場メカニズムとを組み合わせた点にある。

必要な変更を加えていえば、社会的連帯経済は、他のコーディネーション・メカニズムの助けなくしては、社会総体を組織できないと想定するのが、理にかなっている。これぞ、相乗性(シナジー)の概念が表現しているものである。だから重要なのは、所与の空間の内部で支配している三つの論理（国家、市場、連帯）の相乗性を明らかにすることである。およそ社会経済レジームなるものは、政治的なものによる権力の追求、経済における富の蓄積、社会における社会的紐帯の維持という、この三要因の接合によって成立する。[5] こうして、制度諸形態間の階層性(ヒエラルキー)という概念は、コーディネーション・メカニズムさらには制度編制(アランジュマン)という概念へと置き換えられる。そこから、連帯原理が支配的であるか逆に他の論理に従属しているかに応じて、三つの対照的な構図が浮かび上がる。

社会的連帯経済のいちばん先進的な形態は、一つの共同体(コミュニティ)における代表的な諸集団が基本単位となるような社会において見られる。[6] 各集団は、基本的欲求の充足に与えられる優先順位に

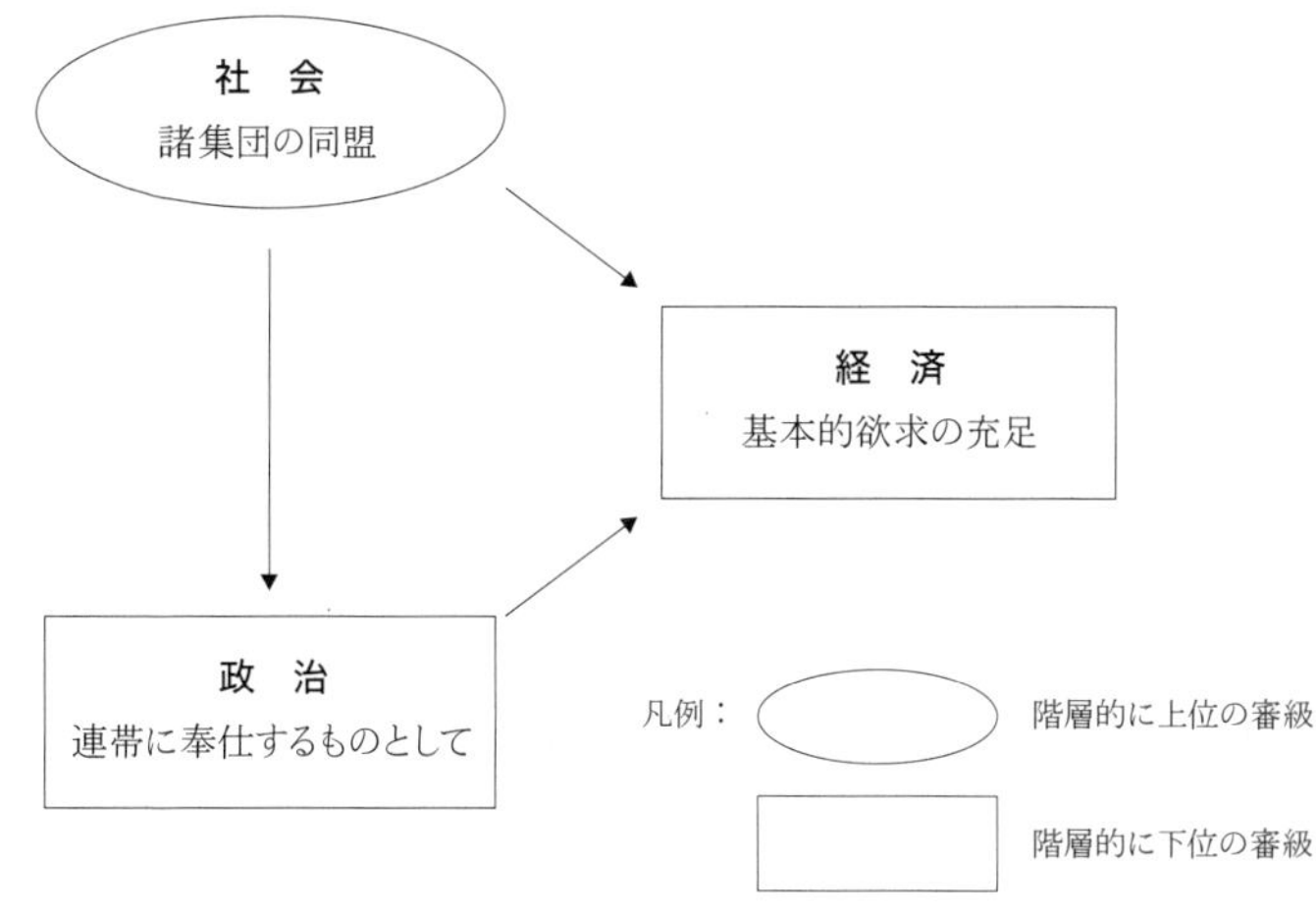

図３　人間的発展様式としてのESS――社会の優位

もとづいて、資源配分の原則を課す力を持っている。加えて政治の領域では、競争以上に、さらには国家権力の追求以上に、連帯が優勢を占める必要がある。そこでは行政、法、国家概念は、支配的論理たる連帯の論理に奉仕することになる（**図３**参照）。

しかしながら、ＥＳＳが社会総体レベルで実行された集団的選択の表現であることは、めったにない。ありうるとしたら、当該の社会経済レジームのなかでは一部人口の生存がもはや保証されないといったような、そのような劇的事件の結果としてである。社会の存続そのものを脅かすような経済金融危機が勃発するとき、これはしばしば起こる。そういった構図にあっては、経済の進展こそがＥＳＳの革新を刺激する。おまけに、よくあることだが、政策決定の政治過程は麻痺することがあり、その結果、国家は人びとの期待に応えられなくなる。このとき生存の原理として連帯が重要となるのだが、だからといって、社会経済レジームの再編へと行きつくことはない。このように、三つの領域の階層関係は根本的に異なったものとなる（図4参照）。

権力配分の中心性

事実、こうした階層性は、権力の配分それ自体が異なっていることの結果である[7]。それを証明するのが第三の構図であって、そこでは、国家の介入能力を超える諸問題を克服しようとして、国家がＥＳＳの潜在的可能性を動員するわけである。例えば強烈な産業再構築によって打撃を受けた雇用圏における長期持続的失業との闘いについて、政治的責任者はこれを社会的イノベーション組織〔ＥＳＳの諸組織〕に委任する。こうして公的でも私的でもない第三セクター（サード）が生まれ、それが、他の二つの分野〔国家と市場〕では対処できない諸問題を克服しようとする（図5参照）。

これら三つの構図が共存するということは、社会的連帯経済の利点と限界を同時に示している。すなわち、社会的連帯経済が他の二つの論理――国家権力と市場競争の論理――とどうい

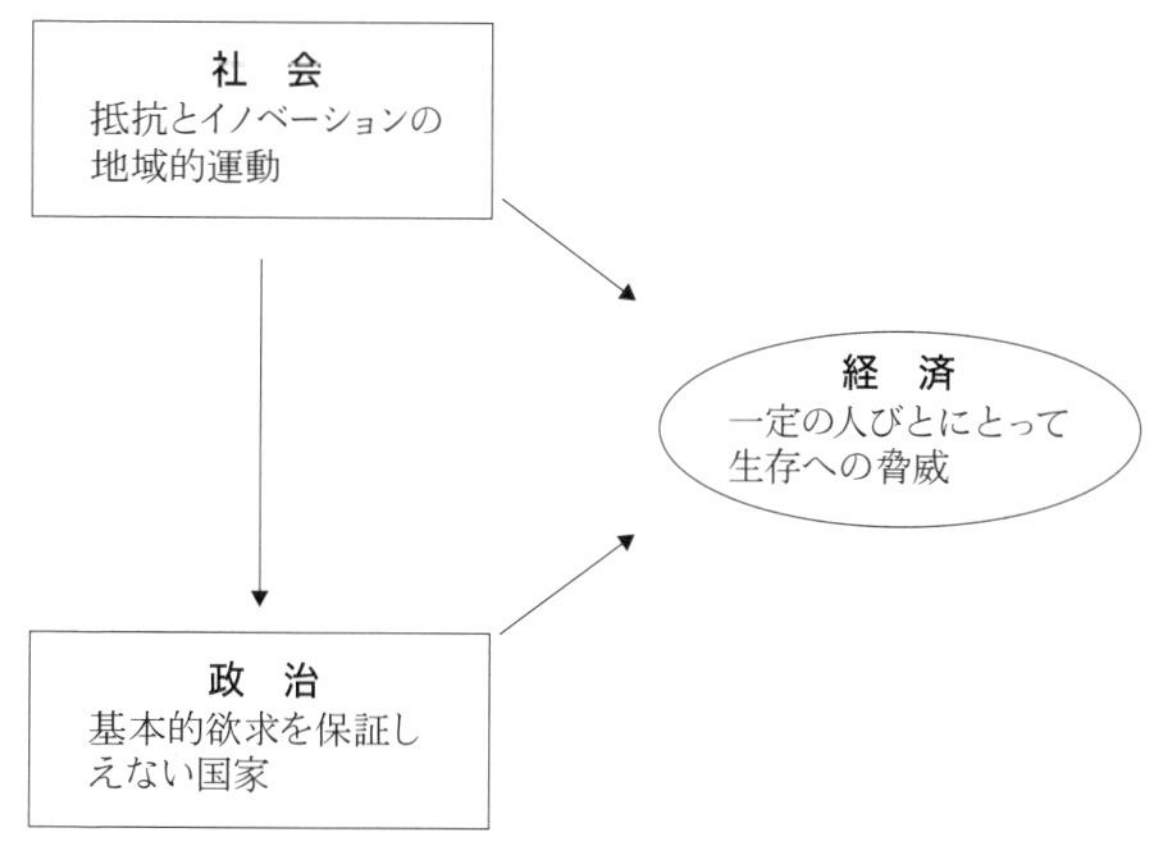

図４　経済危機への対応としてのESS——経済の優位

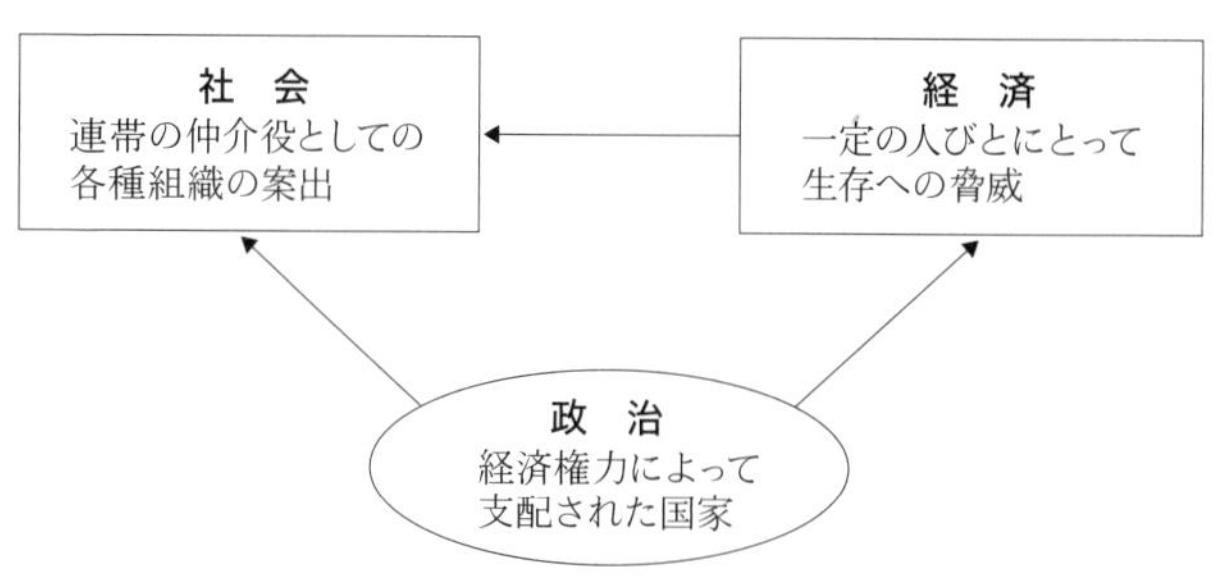

図５　国家責任の委譲としてのESS——政治の優位

う接合関係にあるか。そこにすべてがかかっている。その構図は、別の社会組織の提案ということから、自らかかえる矛盾を社会的排除によって解決しようとする社会経済レジームを支持するものまで、広い幅にまたがっている。[8]

第2章

「社会的連帯経済」（ESS）の多様性

社会的連帯経済〔ＥＳＳ〕についての展望が得られたので、次には、どのような過程に従って社会的連帯経済が形成され、かつ不断に進化してきたかについて、これをもっと正確に定義し明確にすることが重要となる。

ＥＳＳの多面的相貌

ＥＳＳの共通の定義は、広義には、さまざまな判定基準の総体によって示される。(9)「社会的経済は各種結社によって、主として協同組合〔コーペラティブ〕・共済組合〔ミュチュエル〕・非営利団体〔アソシアシオン〕によって行われる経済活動からなる。それは固有の倫理をもち、それは以下の諸原理に示される。すなわち、民間という地位、資本に対する人間の優位性、市場で運営されるが自らに固有の原理をもつ本格的な経済セクター、準備金の分割不可能性、分有不可能な集団的資産、コミュニティへの奉仕という明確な目標、一般的利益および社会的有用性［の追求］、地域に根ざした企業、政治的独立」。

傍点を付した語はＥＳＳの長所を表しているが、同時にその実現における困難さを示してもいる。第一に、少なくとも三つの法的形態が存在し、そのどれもが共通の目標を組み入れようとしている。たしかに利潤目的の企業にもまた多くの法令がある。だから驚くべきことに、

ＥＳＳの活動が非営利的な性格のものだということに言及されていない〔ここでは association を「非営利団体」と訳したので、この指摘は必ずしも妥当しない〕。第二に、この組織は自らの倫理的原理と、市場への統合ならびにそれが意味する競争とを両立させねばならない。だから、集団的資産の経営における制約によって、協同組合の生産能力の拡充が不利なものになっていないかどうか、自問してもよい。同じく、ある活動の社会的効用が協同組合員の熟議に由来し、それがやがて各組織の経営を方向づけるのだと難なく想像できるのであれば、一般的利益なるものは、ＥＳＳをはるかに超える自治体（コレクティヴィテ）のレベルでしか規定しえないのかもしれない。政治諸過程が直接に絡んでくるからである。ＥＳＳは政治領域に属するアクターでないことは、よく知られている。それは市民社会に属するものだからである。とはいえ、国家による支持は決定的であることがわかる。それというのも、利潤の要請によって支配された企業の利害は、規制、税制、労働法に対して多数の圧力をかけうるのであり、つまりは、その分だけ社会的連帯経済の空間を縮小させてしまう意思決定がなされることになる。ＥＳＳは経済のうちに平等原則を導入しようとしているのだということを、ＥＳＳがめったに語らないのは残念なことではなかろうか。他の経済分野にあっては資本提供者に有利な形で権力の集中がなされているが、これに対抗して、「一人一票」というのはよきスローガンたりうるであろう。

以上のとおり、ＥＳＳは単一の原理を表現するものではなく、そこでは相異なる諸目標間で緊張がみなぎっている。社会的イノベーションの源泉たるＥＳＳの起源は、多くの場合、各種の社会経済レジームの失敗のうちにあり、とりわけ大危機のうちにある。

市場および国家のそれぞれの限界に対する回答

社会的連帯経済を構成する組織体はどのようにして生まれるのか。当初期における歴史的概観が示唆するのは、ＥＳＳは設計主義的な理論的アプローチからでなく、長期的に進化をつづける社会経済レジームの不均衡・紛争・危機を前にして、そこからの防衛反応に由来するのだということである。一九世紀、資本主義の発展によって社会は変容し二極化していったが、このことはまず、排除の動きを埋め合わせる空間として、消費協同組合〔生活協同組合〕や生産協同組合〔労働者協同組合〕の考案へと向かわせていった。一世紀後、失業をなくし、取り残された人びとに社会保障を提供する点で、公共政策は無能だったので、非営利団体(アソシアシオン)にとっての空間が生まれ、これによって雇用機会や社会的包摂が促進された（図6参照）。

理論的にいえば、これは以下の点を強調するということである。すなわちＥＳＳが生育する土壌は、社会平和を保証しえない市場メカニズムの限界と、自らの正統性を掘り崩しかねない新しい諸問題を前にして、その手続きの不適切性と非効率性に狼狽している中央国家的介入の

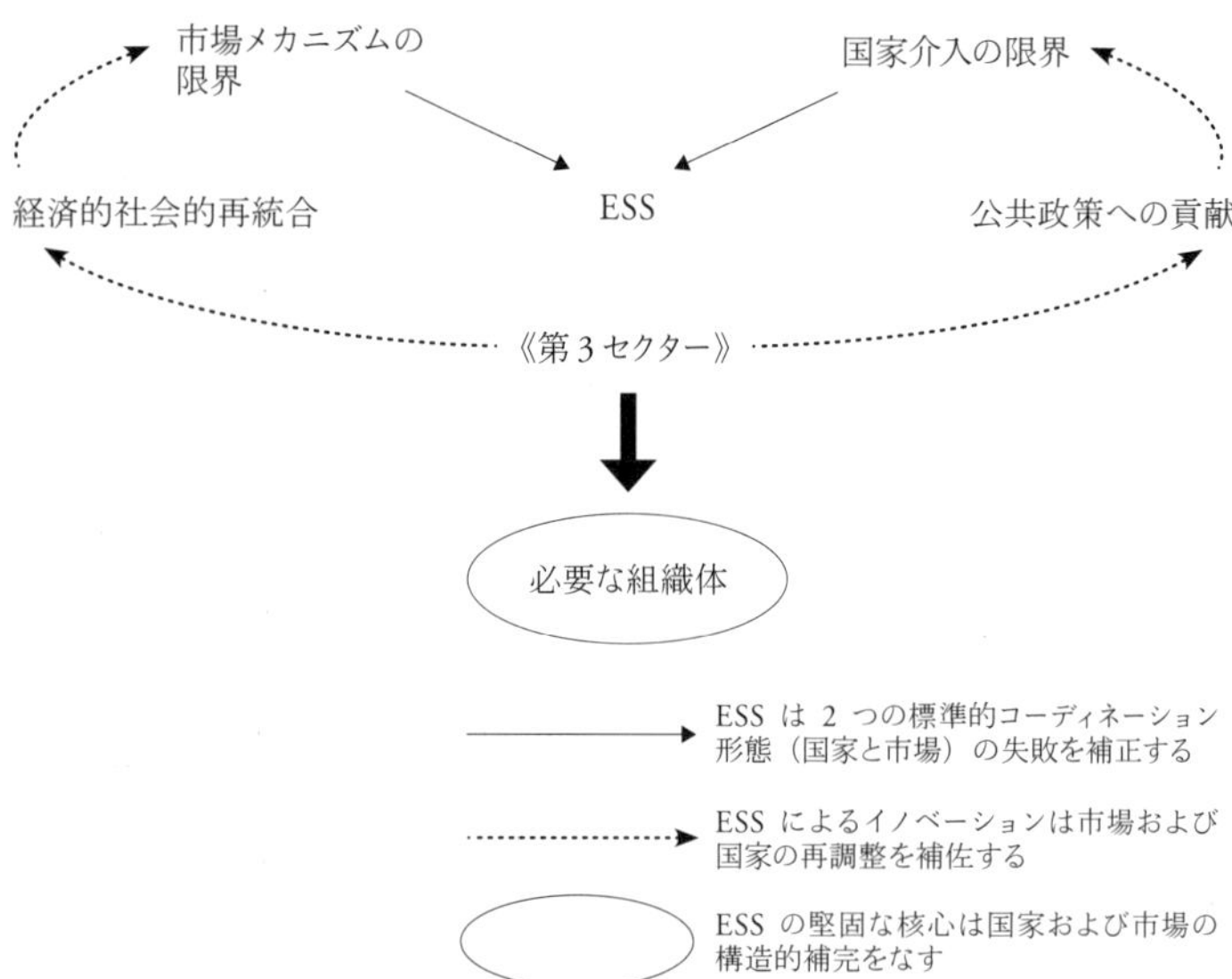

図6　市場・国家・ESSの関係のダイナミクス

限界と、――この両方にあるということだ。

事実上の社会的連帯経済セクターたる「第三セクター」が形成されると、市場は、それが立脚する諸条件の一つ――すなわち社会的結集の維持――から免責される。これに呼応するかのように国家は、その責任事項の一部を委任することによって、社会保護システムを普遍主義的な方向に向けるべく国家介入するに際して、その核心部における改革から逃げてしまう。となると社会経済レジームは一変する。というのも、市場・国家・ＥＳＳの補完性があってこそ、資源配分・国家権力の正統化・社会的紐帯の維持という三つの要請が最終的に調和しうるからである。

機能・セクター・組織・法的形態の多様性

こうした文脈依存性は重大な帰結をともなう。つまり介入の諸形態は、地域別および／あるいはセクター別の、そして歴史的に位置づけられた特定の諸問題に対応している。そこからESS組織に特有な多様性が生まれる。おまけに、一つのセクターや専門分野に属すると思われる同じ活動のなかでも、少なくとも四つの法的レジーム〔協同組合、共済組合、非営利団体、財団〕が共存している。金融活動や保険活動もそうであって、これらは協同組合と共済組合に分けられる（巻末**付表1**参照）。雇用面からみると、商業、工業、農業の分野では協同組合のプレゼンスはそれほど大きくはない。教育、医療、社会活動の分野では、非営利団体のプレゼンスはきわめて大きい。これらは、フランスでは伝統的に、その重要部分は国家によって保証されている分野である。しかし再度注意しておくと、その比重は小さいものの、財団もこれらと同じセクターに関与しているのである。ここでもまた、市場への補完と公共サービスへの参加との二重性が見られる。

フランス経済のなかでESSは、孤島以上の群島ではあるが、大陸ではない。他の諸国では状況はまた別なのだろうか。それともこれは、社会的連帯経済が存在するところでは典型的に見られる特性なのだろうか。

各社会に固有な諸形態

各国の経験を並べてみると、こうした比較からは一般的分類は何ひとつ出てこないことがわかる。実際、ＥＳＳの名称や組織諸形態は長期持続的な歴史のうちに刻み込まれている。大ざっぱにいって、社会的経済について三つの主要な構図が見られる。

一方の極では、社会的構造化の長きにわたるプロセスを通じて、連帯原理につながる社会経済的かつ政治的な組織が形成された。一例をあげれば、メキシコのエヒード〔ejidos＝共有農地〕は農民グループのものたる集団所有を意味している。エヒードは、私的な領有形態とは対立して、コモンズとしてのアシエンダ〔haciendas＝大農場〕やラティフンディオ〔latifundios＝巨大土地所有〕を受け継いでいる。これらは集団所有や土地用益権を成文化しており、これを販売したり譲渡したりする法的余地はない。それは成員のよき生活を保証するために資源を共用しあう農村共同体のうえに建設された社会の象徴であったが、やがて、自らの矛盾に屈し、さらには一九八〇年代以降、メキシコ経済の自由化の波に屈することになった。

他方の極では、激烈な危機が起こると、窮乏化、貧困、さらには飢餓と闘うべく、乏しい資源を共用しようという自発的な行動が自然発生的に出現する。アルゼンチン社会の歴史はそうした例に満ちている。すなわち、従業員が倒産企業を引き取って労働者生産協同組合をつくったり、信頼喪失した自国通貨のせいで危うくなった経済的回路を地域通貨の発行によって活性化したり、貨幣所得が消滅し市場が撤退したことと闘うため地域内交換を組織したりした。この場合、ＥＳＳは、たとえ別の世界への可能性があるのだと宣告したとしても、本質的には防衛的なものである。

第三のケースがある。このケースでは、中央国家が、公共支出や税制をもとにした伝統的介入の限界を認め、アソシアシオンに対して、民間セクターでは果たしえないような一般の利益になる活動に補助金を交付するなどして、効果的な政策を行うという仕事を委譲するわけである。一例として、アメリカのＥＳＳによるいくつかの宣言に典型的に見られるように、社会的排除プロセスを抑制するため、都市再生実験への公的助成のことが思い起こされる。この場合、社会的連帯経済の組織は公的サービス活動の委任にあたる。

このような構図の多様性や、それが本質的に事態対処的な性格をもっているということは、おそらく、ＥＳＳを理論化するに際しての障害をなすであろう。市場や国家にはそのような弱点は見られない。実際、往年の政治経済学から現代の経済分析に至るまで、多くの思想家が飽くことなく、市場メカニズムに好意的な分析的議論をしてきた。このことは心性やハビトゥスの形成に影響しないはずがない。これと対をなして公的介入の信奉者は、国家役割の拡大を正当化するために、政治学や法学の先端的成果を持ち出してきた。その結果、理論化の努力によって関連する実践が国際的に普及することになった。ところが社会的連帯経済の方は、これを連合させようとする各種の国際組織ができたにもかかわらず、これまでのところ、そうした利点の恩恵に浴していない。ＥＳＳは周縁的なものにとどまっているが、これをどう説明すべきか。それとも逆に、ますます深刻となるあらゆる種類の危機が反復されることによって、やっとＥＳＳの発展が可能となるのであろうか。

第3章

社会経済レジームの三元的構成

野心的な目標を追求する複雑なプロジェクトなので、社会的連帯経済〔ＥＳＳ〕はさまざまな障害物に遭遇せざるをえない。ＥＳＳが出現する状況そのものがその一般化へのブレーキとなっているのでないか。ＥＳＳのさまざまな組織は、典型的な資本主義企業と持続的に競争できるのだろうか。

レジームの欠陥を埋め合わせるためには三つの対照的な解決法がある

すでに強調しておいたように、ＥＳＳの長所は、社会経済レジームの内部で社会的紐帯（つながり）を脅かすような不均衡や危機に対処するなかで、当事者たちが発揮するイノベーション能力に由来する。

まずは商業資本主義が台頭して社会が不安定になったが、それによって生じた変容で脅威にさらされた人びとの防衛組織が形成されることになった。次いで、労働者の過剰搾取が行われるようになると、消費〔生活〕協同組合だけでなく生産〔労働者〕協同組合のなかでも、彼らの結社（アソシアシオン）が必要となった。労働者が信用を利用できないという事実もまた、連帯金融という独自な形態を生み出すことにつながった。労働組合内部における結社の権利を求め、特別な労働法を求め、ついには労働災害・失業・医療・引退への社会保障を求める長い闘争の果てに、国家は、それが中央集権化し手続き的に煩雑になってしまったので、社会政策遂行上の限界に突き当たってしまったように思われる。そこに例えば、雇用確保を手助けするような非営利団体（アソシアシオン）の起源がある。

歴史的に継承されてきた組織は、旧工業化経済においてなされた労働契約の規制緩和政策や社会保障の「合理化」努力とともに、新しい変容を経験することになった。例えば協同組合・共済組合・非営利団体は、経済活動セクターと国民的文脈の交点で固有の進路を展開しつつある。長期的には三つの構図を区別することができる。

・ＥＳＳは、市場も国家も扱いえず克服しようとしないような諸問題について、緩衝材的役割をこれからも演じていく。当該のレジームが連帯の要請を組み込むべく自己改革をせず、こうして「第三セクター」に委譲する場合には、ＥＳＳは松葉杖の役をつとめる。その好例がアメリカにおけるフィランソロピーの財団であって、そこには不平等爆発の結果を緩和するという課題が割り当てられる。

・しかし、ＥＳＳが社会経済レジームのうちに統合された一部となり、各審級に固有なロジック――もっぱら蓄積指向の資本主義、権力征服のための政治闘争の場たる国家、最後に、社会的紐帯の保持のみを引き受ける社会的連帯経済セクター――を強化するようになるといったこともありうる。こうしたハイブリッドな形態は、つねに資本蓄積に支配されているとはいえ、新しい構図をもたらす可能性がある。

・第三の構図が想定しているのは、連帯原理が経済でも政治でも重要なものとなり、ついにはこれら三つの秩序〔市場・国家・連帯〕のヒエラルキーが、社会的連帯経済の創設者たちの理想に合致する方向へと逆転することである。創設者たちはこれをオルタナティブなレジームとして定義できると考えていた。どんな条件があったら、このような構図が出現しうるのだろうか。

ESSが支配的なレジームは各種構成要素の相乗作用を前提とする

ESSは、一見バラバラな諸問題に応えるものとして事態に対処する。生産協同組合は、資本主義企業のなかでは居場所のない労働者を引き寄せる。保険・医療の共済組合は、株主でなく組合員に発言権や権力を与える。非営利団体のボランティアや従業員は、社会的有用性に役立とうとしているのであって、経済面に限定された超個人的な利益のために活動しているのではない。財団は社会的有用性と節税を両立させようとする。だから以下のような問いが生まれる。すなわち、どのようにして、このような欠陥のある社会組織への依存から、社会的連帯経

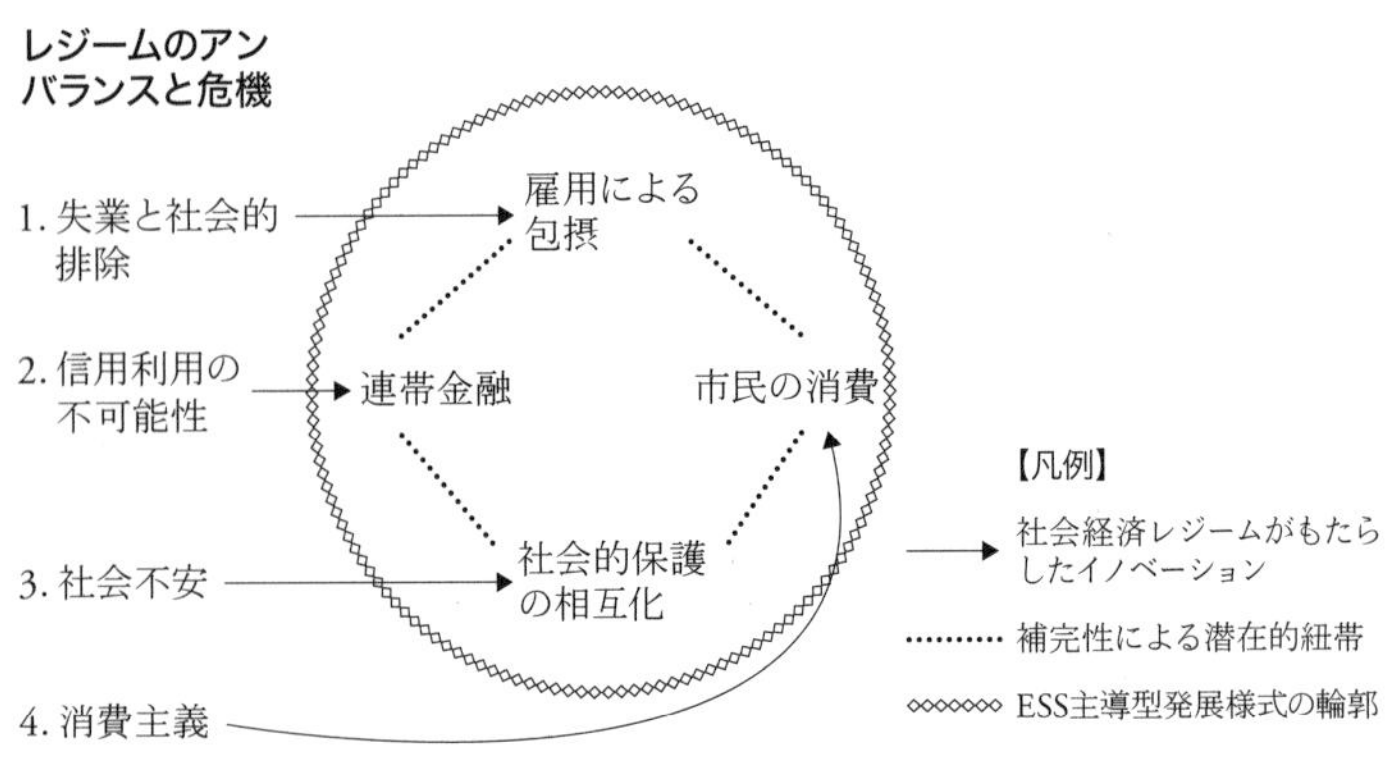

図７　一連の危機対応から、独自な社会経済レジームの構築へ

済のあらゆる構成要素や活動の間で補完性が累積的に深化していくような過程へと転換させていくか、と。見えざる手は何ひとつこうした過程を先導しはしない。その過程は長期的なものであり、何らかの形の制度化を想定しているのである。

構造的危機に苦しんだ封建制度から商業資本主義への移行という歴史的先例によって確認できることは、その移行において優勢を占めたのは決して自動的な作用ではなかったということである。というのも数世紀後、多くの社会はこの段階を乗り越えなかったわけだから。実際、貿易がなされるためには、新しい信用制度、経営管理のための独自な会計制度、企業家に重税を課さない政治権力、さらに加えて、事業法制の漸次的構築が前提されている。

これら各種のイノベーションが共鳴してこそ、これまでとは別の生産様式が出現し、大いなる社会的変容をもたらす蓄積過程が開始されうるのである。だがこの蓄積過程は周期的に、それ固有の矛盾やエコロジー的限界にぶち当たる。そのような危機の時にこそ、ＥＳＳによるイノベーションが明確となる。

現代もまたその例外でなく、イノベーションを起こし別様に試行するＥＳＳの能力を証立てている。ＥＳＳの従事者たちは、生産・消費・信用・金融・保険の間の相乗作用を発展させつつあり、その結果、ＥＳＳの強化と拡大という内生的な運動が始まっているのではなかろうか(図7参照)。

以上から二つの条件が明らかになる。すなわち、競争に十分に耐えられる経済的パフォーマンスと、社会総体のうちに連帯原理を具現させうる能力と、——この二つである。

ＥＳＳは生産効率面での優越性を主張するものではない

社会経済学の一大理論家たるシャルル・ジッドは『政治経済学原理』（一九三一年）でこう書いている。「株式会社はあらゆる企業の典型的様式となるのみならず、人間活動のあらゆる領域へと自己拡張していく運命にあると考える経済学者がいる。しかし株式会社のうちに、将来の姿を見ることはできなかろう。個性ではなく資本だけを結合しほとんどすべての責任を放棄するという株式会社の特徴は、なるほど経済的観点では優位に立つかもしれないが、道徳的社会的観点からみれば劣位にある」。

実際、生産のであれ消費のであれ、協同組合は市場で機能している組織であるが、その市場では伝統的に営利企業が隆盛をきわめている。そして標準的な市場理論は、営利企業は社会の需要を満たすための資源配分において最も効率的なものだと請け合っている。少々古いがきわめて啓発的な研究が示すところによれば[10]、協同組合はその地位ゆえに生ずる一定の経済的利点を拡大していくが、しかしまた、とりわけその成長にかんする一定の限界によって不利益をこうむる（付表2参照）。

資本主義的企業は、労働強化と従業員包摂が永続的に対立しあう場である。そこから監視や管理を担う階層が生まれ、ついには生産性が低下するに至る。これと対照的に協同組合員は、集団のための労働者だという意識をもっており、自ら生産するものの品質に関心をいだく。経済情勢が変化しても、集団で決めた労働時間や報酬が調整変数としての役を果たすだけで、雇用は安定している。こうして「社会的平和」が競争力に貢献しており、競争力は労働者を犠牲にして獲得されているのではない。労働者の離職率が低いので、特異な（つまり各個人に固有な）能力に大々的に投資することができ、それが協同組合の強みをなしている。理の必然として、資金運用の担当者は、自らの所得や出資分担割合がともに協同組合の存続にかかっている

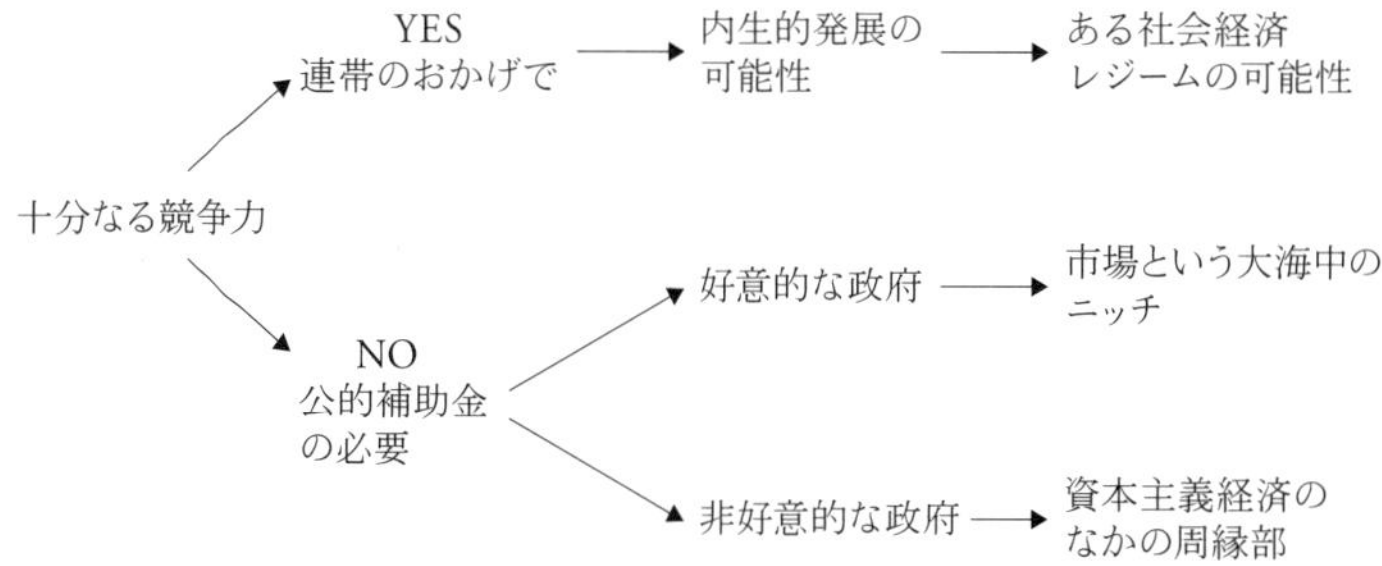

図８　ESS 構造の持続可能性――三つの結果の可能性

ので、低リスク志向となる。

同じく、資本の不分割性は信用への依存を制限する。これは賞賛すべき慎重さではあるが、しかし生産能力の拡大を、それゆえ規模の収益の動員を束縛する。集団的かつ民主的な経営は情報処理の複雑性という問題に直面することがあり、それゆえ、基礎的な協同組合員とは別の専門職が必要となる。このことは理想的な協同組合にとって脅威となる。(11) ミクロ経済理論の主張によれば、平均生産性と個別生産性の乖離は有害なことだとされ、これによってホモ・エコノミクスは怠け者になりこそすれ、必ずしも社会的経済のアクターにはならないとされる。

資本主義的企業に対する協同組合の優越性いかんの問題は、理論によって決着のつくことではない。それほどに関係する各種メカニズムや活動は多様だということは、いくら強調してもしすぎることはない。けれども、各々のＥＳＳ組織の持続性にかんしては、ある分割線を引くことができる（図8参照）。

・一方でＥＳＳは、連帯によって最良の結果が保証されるセクターや場所において運営され、しばしば地域規模での強靱性を発揮することがある。[12]

・他方でＥＳＳは、連帯が切り札となるよりもコストとなるがゆえに、赤字となる。その結果、ＥＳＳが国民集団にもたらす経済的・社会的・政治的利益の程度に応じて補助金を出すのは、国家だということになる。非営利団体は、それがとりわけ排除と闘うときには、このカテゴリーに属する。

こうして三つの構図がありうることになる。自分自身で持続力をもつＥＳＳ、国家の媒介による政府の支援を受けたニッチ的存在、そして――財団が社会的分裂の緩和における非営利団体の役割を引き受けない場合にあっては――市場原理主義イデオロギーが支配するなかでの周縁的役割、この三つである。[13]

経済的パフォーマンスという問題以外に、この二番目の要因が社会的連帯経済の拡張を、つまり連帯原理の射程を形づくっていく。

地域的連帯はＥＳＳの一般化を制限する

「社会的経済には国民的および国際的な使命がある。これに対して協力〔協同組合〕は、どんなに経済活動全体を含んでいるとしても、まずは地域や地方経済組織とかかわっている。そう私には思える」。これは元議員のジャン＝ルイ・デュモン『もう一つの企業——協同組合をめぐる対話』（二〇一〇年）による評価である。

社会的経済の根本にあっては、閉じた共同体（コミュニティ）の内部での——あるいは共同体の原則に賛同するかぎり新メンバーにも開かれた共同体の内部での——信頼は、互酬性によって構築される。その構築のあり方からして、こうした——協同組合・共済組合・非営利団体という——結集要因は射程が限定されている。それでもやはり、これらの組織は、もっぱら経済的利益にかかわる個人的諸行動に立脚した市場競争に耐えねばならない。

ところで商品関係は国境を越えていく性質をもつが、ＥＳＳの場合には、何度も国際的連携の努力がなされるにもかかわらず、そうはならない。欧州建設は自由かつ公正な競争の原理のうえに立脚しているので、加盟諸国間の連帯が実現するのは困難である。事実、各種の指令やゲームのルールは市場調整を促進する方向でなされている。……例外は新型コロナの勃発時であって、この例外的状況によって、各国間の財政移転が正当化され、欧州連合内部での一定の連帯が認識されはじめた。しかしながら、このような革新は、正式の欧州連邦国家がないので限定的なものに終わった。というのも、税制・公共支出・社会的保護による所得再分配によって国民的連帯を立証するのは、伝統的に国家の仕事だからである。

最後に、生産チェーンのグローバル化と資金フローの完全な流動可能性とともに、税制や経済政策方針にかんする各国政府の自律性は侵食された。加えて各国内での不平等が拡大し、グローバリゼーションの勝者は敗者に対して埋め合わせをする意図はなかった。世界政府が存在しないので、強力な国際組織によって実現されてもよい拡大された連帯が支配的になる希望は、何ひとつ見いだせていない。

ＥＳＳに限らず連帯の表現は多様にある

以上の展開からある核心的問題が浮上する。連帯が表現されるのはどのレベルにおいてであり、またどのようにしてなのか、と。反省してみるに、特に社会的排除との闘いという特殊なケースから出発して連帯を実現するには、少なくとも四つの様態を明らかにすることができる。

・第一に、この社会的排除との闘争は、もっぱらＥＳＳの非営利団体が担うべき事柄だとされ、他のあらゆる組織や制度はそれから免除されて、それら固有の目標を追求しつづける場合である。これは第三セクターの考え方である。しかし、連帯におけるこの孤島が社会レベルの不平等という問題に対処しうるかどうか、明らかではない。

・第二のあり方はこう想定する。使命感ある企業がこうした戦略の正統性について納得する資本提供者を見つけさえすれば、たとえ収益が他の企業のそれよりも低くても、各組織体内部自体における利潤追求と社会的統合との妥協を追求するために、使命感ある企業の長所が利用されうるだろう、と。(14) 連帯の分野は広がるが、そのインパクトは当面は限定的なものにとどまる。

・一国レベルでは、国家は全企業に対して、雇用・組織・教育機会にかんする意思決定に際して、外部性――この場合はマイナスの外部性――を総体的に考慮するよう要請することができる。規制や労働法がＥＳＳの代替となるわけである。これは高度な社会化を示しているが、しかし、フォーディズムの妥協点について後継者が交渉を行うためには、労働に有利な力関係が前提となる。フォーディズムにあっては、生産性上昇をもたらす技術の受容と、その生産性上昇に比例する賃金上昇との間の取引があった。二〇二〇年代、この妥協は一見してその内容が変化している。というのも雇用は、従業員が企業目的に賛同することの代償となり、もはや生産性上昇の分配ではなくなったからである。

・最後に公然たる危機の時代があり、そこでは最後の雇用者たる国家が華々しく復活する。それには、大量の公的雇用——一八四八年の国立作業場〔二月革命後、失業者に職を提供すべく臨時政府が設立した機関だが、四か月後に閉鎖〕からはるか時を隔てた後継者——を創出したり、(二〇二〇—二一年の健康危機に際して独仏でなされた時短就労者への補助金のように)賃金総額の重要部分を社会化したり、さらにまた、二〇二〇年のパンデミックを抑えるために決定された生産停止に対応してアメリカでなされたように、中央銀行からの借金によって市民の所得を下支えしたり、といったケースが見られる。

新型コロナによって始まった時代において、非営利団体の活躍が大きかったにもかかわらず、メディアや政治的舞台ではあまり目立たなかったのは、以上のことから説明されえよう。排除のリスクは大きくなり、地方レベルでの相互扶助や互酬性という手立てよりももっと強力なそれが動員されるよう、要請されている。

このように多くの障害物によって、連帯という核心的価値に立脚した社会の潜在的可能性が阻まれている。実際、こうした価値観が強く主張されるのは、富と力の蓄積過程——および両者の接合——が、社会の両極化、紛争の多発化、信用の枯渇のゆえに危機に陥るときなのであ

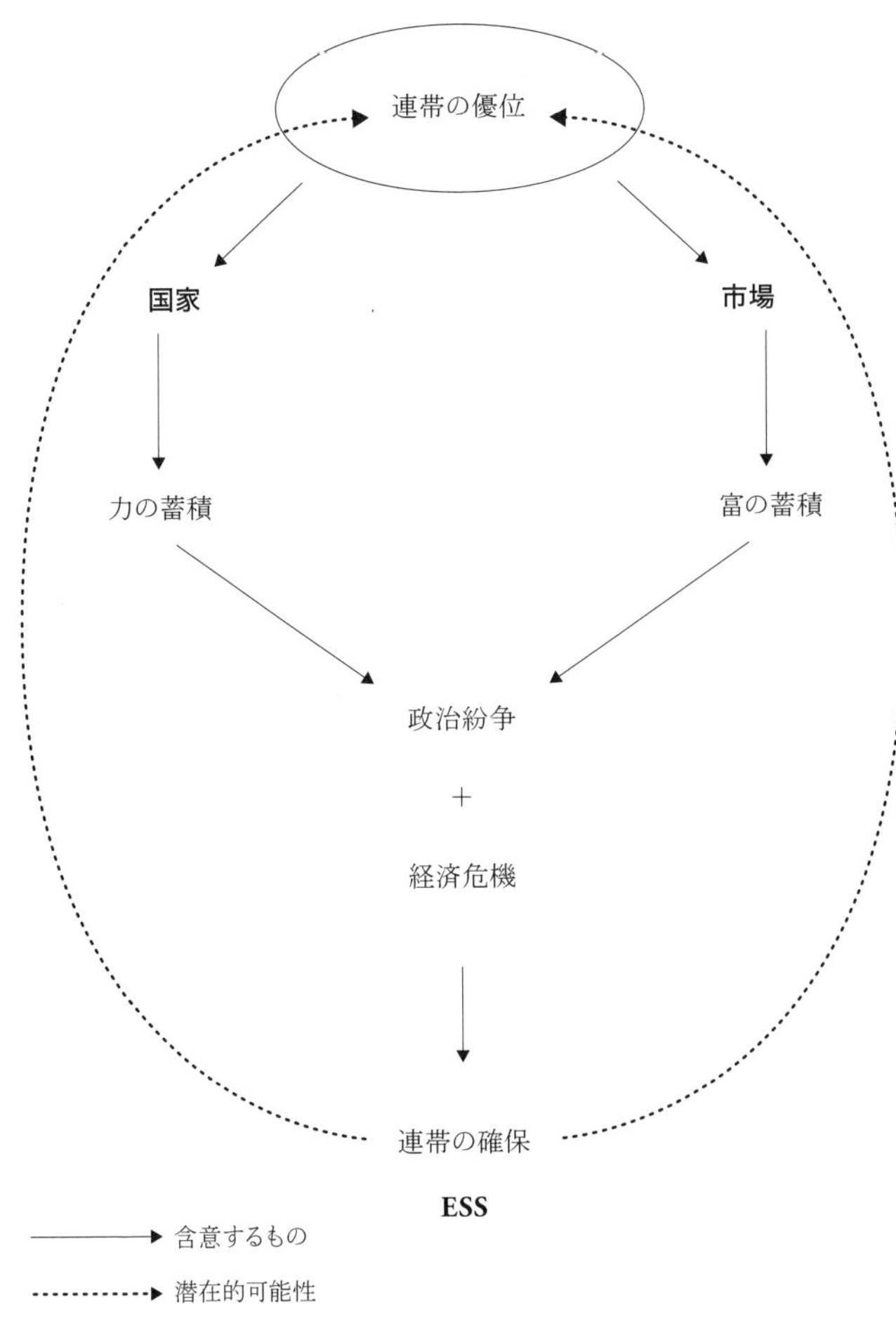

図 9　ESS の挑戦――力と富の力学を阻止すること

る（図9参照）。

社会的連帯経済に向かうような反転が繰り返し起こりはするのだが、だからといって、今ある階層性の逆転は、少なくとも今日までのところ生じていない。長期的な軌道に組み入れるために必要な諸過程の力を考慮すると、これは驚くべきことではないだろうか。

もう一つ弱点があり、それは正当化の領域に属する問題である。つまり、多型的な社会的イノベーションは、アクターたちが自らの行動を毎日導くべくそれをわが物とし、国家が制定したゲームのルールの改訂を正当化しうるような、そのような理論化を促進したのだろうか。

第4章

テクネーとしての「社会的連帯経済」論

ＥＳＳ〔社会的連帯経済〕は経済学者に興味ある問題を投げかけている。生産様式（マルクス主義的アプローチの場合）や社会経済レジーム（制度学派の場合）が出現し定着していくなかで、理論——あるいはもっと単純に学者の表象——の役割とは何なのか、という問題である。

最初に実業家による革新があった

資本主義はアダム・スミス『国富論』（一七七六年）を実践に移した結果なのではない。それは商人たちの創発性の結果なのである。商人たちは、自分たちの利益に資する諸条件につき、これを分析するやり方を開発した。キャッシュフロー会計だけでなく損益計算書、保険機構やリスク分散機構、為替手形、商業銀行などがそれである。……遠洋貿易から生まれた富の蓄積をもとにして、商人は製造業へと手を延ばし、こうして分業が広がり、生産性の累積的成長が始まった。アダム・スミスの才覚はこの勃興しつつあるレジームを理論化した点にある。これに代わって後継者たちは、その特性を明確化し、そこから租税、国際貿易、さらには労働立法にかんする各種の政治的選択肢を正当化するために、さまざまなモデルを提起することになった。

必要な変更を加えれば、社会的経済がとった進路もこれとよく似た経緯によって特徴づけられる。協同組合のなかには一六世紀に遡るものもある。それはリスクを分散させた。最初は消費面を中心としていたが、やがて生産面に、さらには信用面へと拡大されていった。それは労働者のうえに重くのしかかっていた窮乏化の脅威への対応であり、経済危機が起こると窮乏化の重圧は大きくなった（**付表3参照**）。当事者たちはさまざまな形態を考案し、試行錯誤しながらこれを運営していった。このようなハウツー的実践から、ある独自な組織に至る道が開けてきた。

イノベーションの理論家たちは、技術や組織のこうした前進の源泉を特徴づけるために、テクネー〔技術知〕の概念を援用した。それは、理論における概念的な進歩（エピステーメ）とはまったく別ものである。

伝統的に矛盾したパラダイムにもとづく各種の正当化

一九世紀半ば以来、社会的経済は、経済的自由主義を唱え国家を非難する知識人や、空想的社会主義の理想を掲げる実践家によって主張されてきた。前者の陣営では、シャルル・デュノワイエが、「政府は社会のなかにあるのであって、社会が政府のなかにあるのではない」と書いた。後者の陣営にあっては、ロバート・オーエンが、福祉（ビアンエートル）を優先する経済組織の基礎として、共同体(コミュニティ)を弁護してこう書いた。「人間が経験しうる幸福なるものをいつまでも達成しうる方法はただ一つある。それは全員が各人の利益のために連合し協力することによってなされる」。

サン゠シモンにあっては、キリスト教的戒律の実効化を助けるのは合理主義である。「真のキリスト教はすべての人びとに、互いに兄弟として振舞うように命じている。イエス・キリストは、道徳的にも物理的にも最貧層の生活の改善にいちばん貢献したであろう人びとに、永遠の命を約束した」。

社会主義、自由主義、自由社会主義と社会自由主義、労働者民主主義、協同組合社会主義、そして最後に無政府主義。これらの互いに敵対的とされる考え方が参照されているが、それらの間のこうしたバランス感覚は、一九世紀末および二〇世紀初頭の思想家たちの連帯主義のうちにも見られる。一方の極には、セレスタン・ブーグレが以下のように宣言するとき、連帯主義は全社会の基礎として現れる。「連帯を直接にも間接にも証明しないような社会学的命題は存在しない、と言われている」。反対にピョートル・クロポトキンにとっては、それは競争を排除すべく進化し学習した結果なのである。彼は言う。「それは愛や個人的共感よりも無限に大きな感情であり、きわめてゆっくりとした進化の流れのなかで動物や人間の間で少しずつ発展してきた本能であり、また、その本能が――動物や人間のもと――相互に助け合い支え合う実践のなかで発見しえた力であり、社会生活によって与えられた喜びである」。

社会的経済の最後の正当化は、ごく普通のミクロ経済理論からも出されている。この理論によれば、ＥＳＳの機能は市場メカニズムの欠陥を補うことにあり、中央国家の政策の手が届かないような地域公共財に資金調達することにある（**付表4**参照）。

さまざまな見解がこのように一致して正当化しているのに、それが現代経済の核心部でＥＳＳを推進することになっていないのは、どういうことなのか。ＥＳＳを創設した父祖たちがきわめて多様であったということこそ、その大いなる弱点であるように思われる。というのもＥＳＳは、資本主義と社会主義という二つの敵対的構図とのかかわりにおいて裏返しで定義されているからである。しかし既述のように、理論的にも政治的にも対立を支配するのは、排除された第三項の原理である。だから、企業家や社会的連帯経済の実践家に転換しえた理論家はめったにいない。要するに社会的連帯経済は、テクネーにとどまっていてエピステーメではない。つまりそれは思わざる発見であって、コンセンサスの成立した理論的構築物からの演繹ではない。これと対照的に、資本主義と社会主義は、それが本質的に社会的・政治的・イデオロギー的闘争として現れる以前には、長らく理論的基礎づけがなされていると見なされていたのである。

ＥＳＳの制度化過程――政治の問題

問題はまさに、社会のもう一つの組織様式をもたらしうる社会経済グループの問題である。資本主義にあっては、遠隔地商人が、次いで産業家が、最後に金融家が、法や税制によって自分たちの活動が発展するようにと、政治権力に圧力をかけてきた。社会主義にむけての闘いは――プロレタリアートとは言わないまでも――賃金労働者が行ったことであり、万人の万人に対する競争への対抗策として、一定の秩序が支配するのを熱望していた。その際、資本・生産能力・雇用の集中化傾向は、労働者が共通の利益――労働組合や政党を結成するさいの媒介者――を認識するのに役立った。

社会的連帯経済の組織には二つのタイプの関係者が寄り集まっている。第一に、個人的にも典型的企業――そこでは利潤が唯一の存在理由である――の法的枠組みのうちでも実現できないようなプロジェクトを、うまく運営しようという熱意のある市民である。このカテゴリーには例えばＳＣＯＰ〔経営参加型協同組合〕のような、経済的オルタナティブが含まれる。第二に、例えば経済危機とか、無能国家における社会保障制度の破綻とかいった機会に、雇用から排除された諸個人である。これら両タイプの関係者のそれぞれは、定義によって、経済内部でバラバラにされた賃金労働者であり、もっぱら政治社会の周縁部に存在している。そのことによって、個人的ないし局地的な経験を超える共通の利益を認識し、構築し、次いで防衛することが困難となっている。ＥＳＳの内部での利害対立さえ見られる。例えば、教育リーグとカトリック教育の間での対立、また、巨大種子企業で遺伝子組換えの擁護者たるリマグラン協同組合グループと農民の有機農業を守ろうとするＡＭＡＰ〔農民的農業維持協会〕の間での対立が、それである。連帯原理によって統治されたレジームが発展するには、かくも多くの障害がある。

先に強調しておいた実践家と理論家の二元論は政治という審級を過小評価する傾向にあるが、それでもなお、ＥＳＳの制度化過程を分析することは重要である。歴史上、社会的経済という理想と、ＥＳＳ論者によるイニシアティブの開花との間には空白があるが、これを埋めようという論者はほとんどいない。興味深いことに、ＥＳＳを専門とする雑誌 *Recma* においても、よく似た構図が見られる。この雑誌は二部構成からなり、大学関係者や専門家が提案する学説を扱う一般的な記事と、ＥＳＳの実践家の経験を書き写した技術的特殊的な記事とが並置されている。なるほど、なかには社会的連帯経済の法的前進についてコメントしている号もあるが、しかし、そうした制度的前進に至った過程についてはめったに分析されていない。だがこの過程は、ＥＳＳが支配的位置にあるのか被支配的位置にあるのかを理解するためには、基本的なことなのである。

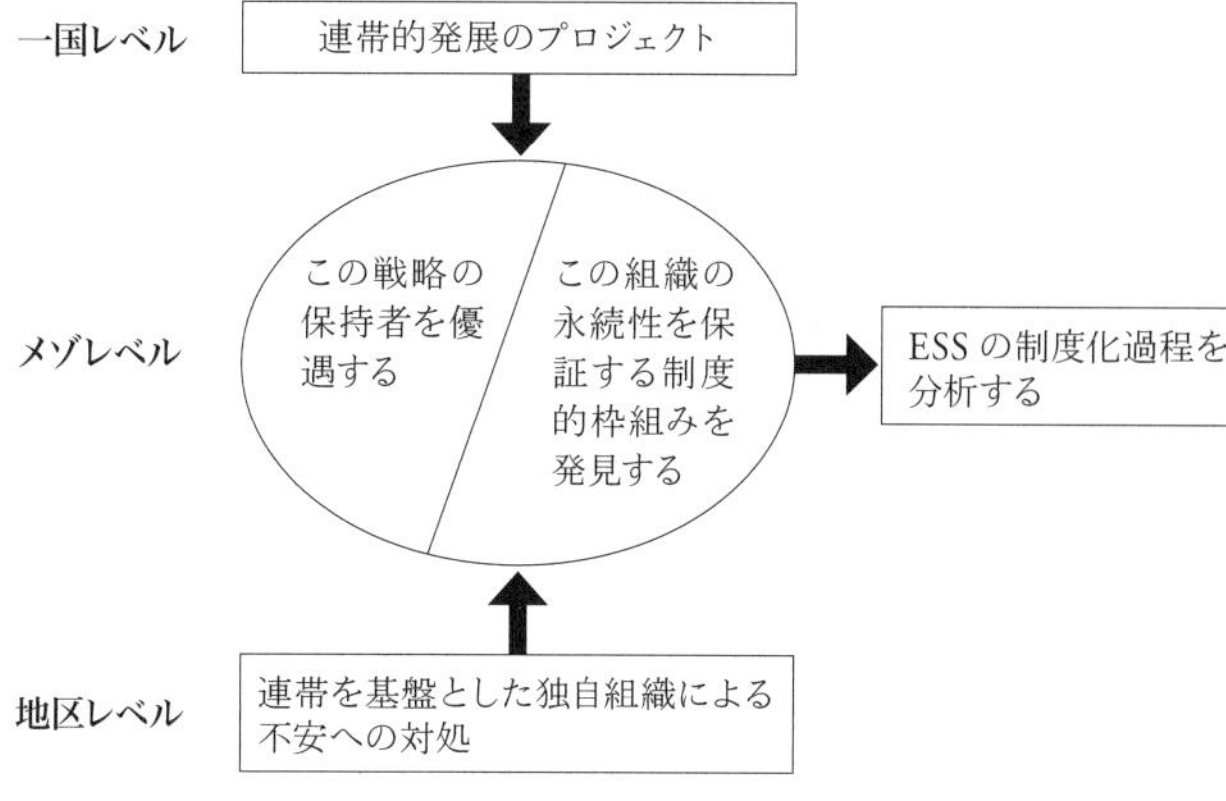

図 10　メゾレベル――ESS のアキレス腱？

地域的イノベーションと社会経済レジームの間で
――メゾレベル――

ある大きな困難が社会科学の前進を、とりわけ経済学という学問の前進を危険にさらしている。ほとんどの理論はミクロ経済レベルからマクロ経済レベルへの直接的移行を前提としており、その二つのレベルのいわば仲介をなす媒介的組織の存在を否定している。会社法はＥＳＳの諸組織をどのように扱っているのか。税制はこうした組織の有益な効果を確認しているのか。各個人は、賃金労働者、自営業者、協同組合員、さらには社会的連帯経済の非営利団体員の間で、自らどう選択しているのか。まさにこれら各種審級の整合性いかんから、連帯原理の実践にのしかかるインセンティブと制約が導かれる（**図10参照**）。この中間レベルの問題は社会的連帯経済の将来にとって決定的に重要な

のである。(15)

以上の確認事項は、これとは別の自主管理（オートジェスチオン）の経験がたどった運命を分析することへと連なっていく。オルタナティブな社会経済レジームを建設することは、なぜこれほどまでに困難だとわかったのか。

第5章

自主管理プロジェクトの教訓

「社会的連帯経済においては、企てるということは一種の政治行為である。問題は世界を変革することなのだ」

エリック・ダシュー、ダニエル・グジョン(16)

これまでの叙述では、ESS〔社会的連帯経済〕の経済的側面や概念的側面に力点が置かれていた。いまやESSのもっと野心的な目標へと立ち帰る必要がある。言い換えれば、市場も国家も対応できないようなニーズの充足のもとへと経済を従わせることであり、それと同時に、労働がもつ創造的な性格や諸個人の社会化における労働の役割を認識することである。この点で、協同組合の経験や、とりわけ自主管理（オートジェスチオン）〔自治〕のプロジェクトによって、何が生み出されたのであろうか。

協同組合的形態の長所短所にかんする制度派的分析

実際、協同組合はたんに超国籍的企業の業績判断基準に従って評価されるべきでなく（付表2参照）、主として――その構成的特性によって明らかとなるような（付表5参照）――それ固有の目標に従って評価されるべきである。

生産を導くべきものは社会的有用性であって、利潤（金融支配の資本主義にあっては株主価値）の最大化ではない。この相違はもう一つの生産様式を予感させる。競争に耐えうる能力は羅針盤としてでなく、現実的制約としてかかわってくる。民間という立場ゆえに、経営が悪化した場合には倒産のリスクをかかえている。しかし同時に、経済危機が起こった場合、いくつかの協同組合が危険にさらされもするが、窮乏化と排除のスパイラルを食い止めようとする非営利団体（アソシアシオン）の出現が促されもする。このようにＥＳＳは本質的に曖昧な存在なのである（**第６章**参照）。

資本よりも人間に重きをおくことは、賃労働関係がこうむっている変容とくらべたら人間解放的なプロジェクトである。資本主義企業にあっては、収益の最適化は、雇用調整、労働過程再編、報酬、労働時間を通して行われる。これと反対に協同組合にあっては、雇用関係の維持が優先される。それはあたかも日本の大企業と同じであって、アメリカで見られる構図とくらべると大きな違いである。というわけで、協同組合員の高いコミットメントによって低い設備投資が補われているのだから、生産性確保のメカニズムは資本主義企業のそれとは異なっている。

以上二つの目標〔社会的有用性、人間重視〕は、協同組合経営のあらゆる構成要素に反映されることになる。協同組合は、その生産物やサービスの独自性によって、また、組合員の高いコミットメントによる品質の良さによって、自己の差別化を図らねばならない。準備金を分割することができないので、これによって信用へのアクセスが、したがって生産能力の拡張が制限される。これは一見すると不利な点である。というのも、協同組合が爆発的に成長するなどということはほとんどないが、これと反対に、スタートアップのような企業は、あらゆる金融イノベーション資源――なかにはハイリスクなものもある――を存分に利用できるからである。その代わり、協同組合セクターは投機的熱狂――これは周期的に経済活動の収縮と解雇となって終わる――に喘いだりはしない。とりわけ経済危機に応えるものとして、農業における地産地消の躍進が証明しているように、協同組合員は地域に根ざし地域のニーズに応えているだけに、なおさらそう言える。こうした独自性は、これら両セクターがそれぞれ発展させたイノベーションのタイプにおいても見られる。すなわち、上場大企業は金融的および技術的なイノベーションを、協同組合・共済組合・非営利団体は組織的なイノベーションを、発展させたのである。

ここに至って、本書の分析を通してすでに指摘した大きな区別が登場してくる。すなわち、ＥＳＳの諸組織は、競争原理によって支配された法的および――とりわけ――政治的な環境のなかで動いているのか、それとも反対に、国民的諸制度の方が協力原理の存在、長期的持続性、さらには支配を組み込んでいるのか。

メゾからマクロへ――どのような制度的同型性があるか

ＥＳＳを特徴づけるものは、その法的形態ならびにそれが作用するセクターの多様性であり、また、その地域的分散性である。有名な表現を言い換えるなら、協同組合・非営利団体・共済組合・財団は資本主義企業という大海に水没しそうな孤島であり、あくなき利潤追求は資本主義企業をして大陸の形成へと至らしめ、それによって一時的に競争から解放される。それゆえＥＳＳは、経済を支配する原理に密接に依存している。それは万人の万人に対する競争なのか、それとも協力の優位なのか。実際、ＥＳＳの運命は、それが商品経済のうちにあるがゆえの「競争力」という要請を満たす能力とは本質的に無関係である。ＥＳＳは経済活動を支えている制度や組織のネットワークと両立的でなければならない。そこからＥＳＳにとってありうる二つの道が開かれる。

・資本主義のあれこれの形態（金融支配型、イノベーション・輸出主導型、消費・信用主導型）のロジックは、きわめて堅固に確立されているので、制度的同型性（イソモルフィズム）〔企業組織と他組織ないし総体的経済制度が同型をなすこと〕が意味するのは、ＥＳＳは支配的企業との緊密な接合によってしか生き残れないということである。[17] ＥＳＳの機能は、排除[18]、社会的分裂、良質な教育機会やケア機会の面で企業が生み出した諸問題を解決すべき課題として引き受けることによって、企業戦略の十全なる展開を容易にする点にある。一例しかあげないが、アメリカでは、プラットフォーム資本主義〔ＧＡＦＡＭなど、デジタル基盤を制する企業が支配する資本主義〕の新興億万長者による財団は、まさにこうした効果をもっている。資本や巨額財産への課税軽減のせいで公権力がもはや請け合うことができなくなった公共財を私有化してしまいながらも、他方で、法外な財産を正統化するという効果である。こうした構図にあっては、多くのボランティアの利他主義的動機がどうであろうと、ＥＳＳは経済的権力の忠実な召使いとなってしまっている。

・まだあまりはっきりとしていないが、第二の道がある。進歩的政府が、協同組合・共済組合・非営利団体というセクターの存在を保証すべく法的空間を創出しようと、意思決定することがある。ＥＳＳのイノベーションが助長されて、伝統的企業とＥＳＳの補完関係が次第に弱くなり、生産協同組合、消費協同組合や相互信用組合、連帯金融[19]、代替通貨の間にもう一つの補完性総体ができる確率が高まってくる可能性がある。その先には強靭な協力原理が実現し、それはもはや危機の緩衝材ではなく、独自な社会経済レジームの媒介者となる。それは多少なりとも、社会的経済を創設した父祖たちのユートピアに似たものとなろう。

そのような実験が試行されてきた。自主管理に立脚したいくつかの政治プログラムから、どのような教訓が引き出せるのだろうか。

自主管理についての歴史的概観

比較分析やケーススタディがあまり多くないので、厳密な分析はことのほか困難だ。自主管理（オートジェスチオン）政策は短期的なものが多かったし、市場や競争は近代の乗り越えられない地平だとする見方が強力に復活したことによって、この政策はつぶされてしまった。ごく慎重にではあるが、自主管理の研究を貫く問題を明らかにすることができる。この実験はその経済レジームに内在する非効率のゆえに頓挫したのか、それとも、政治の問題が決定的だったのか（付表6参照）[20]。

ユーゴスラビアの経験は最も長い歴史をもち、それが示唆するところによれば、たまたま経済秩序に緊張が走ったこととは別に、経済の国家化と自由な資本主義の間に第三の道を開くこの試みに終止符を打ったのは、連邦の崩壊であった。これと反対にイスラエルでは、キブツ〔イスラエルの集産主義的協同組合〕に代表される協同組合を基盤とした経済構成は実効性があるように見えたが、やがてそれが成功してもそのGDPへの貢献度は下がっていった。というのもキブツという形態は、もっぱら農業によって特徴づけられていたからである。しかしながら、協同組合運動のこうした地位低下は、ほかでもない、政治権力がこれを再検討に付したからであった。

その他の実験がほとんど短命に終わったのは、突然の経済的崩壊によってでなく、共和制のスペインでもサルバドール・アジェンデ大統領下のチリにおいても、政治的宣伝の勝利によって説明できる。協同組合が放棄された原因は政府戦略の変化にもあって、政府は経済にかんする意思決定を再度集権化しようとし、労働者を政治的にいっそう厳格にコントロールしようとするようになった。権力の論理が富の創造という希望ならびに連帯という目標を凌駕してしまった。

リップ[21]の労働者の経験〔Lip はフランスの時計会社で、一九七〇年代、労使対立から労働者による自主管理闘争が行われた〕が示しているのは、政府が事業遂行への支持を継続するのを拒否したとき、従業員による倒産企業の掌握は停止に追い込まれたということである。この失敗は、労働組合員や左派政治勢力にとって、労働および社会の転換プログラムとしてのオートジェスチオンが放棄されたことを意味したように思われる。一九八一年、左派〔ミッテラン大統領〕が権力の座に就いたが、それは国有化計画と、大企業における労働者の権利拡大をともなうものであった。二〇二二年、自主管理の要求は消滅し、代わって、教育や医療といった公共サービスを受ける機会の平等とか、さらには気候問題の深刻化やパンデミックの脅威とかにかんする新しい争点が優勢となった。ＥＳＳはこれら諸争点のうち、前者には適しているが、後者には不適である

（第7章参照）。

最後に、二〇〇一年に始まった大危機以来、アルゼンチンはＥＳＳにヒントを得たさまざまな先進的活動（イニシアティブ）の培養地となった。交換や経済活動を再開するための民間の地域通貨、労働者による企業の買収、(22) 回復した企業による共有通貨の発行などが、それである。これにかかわった労働者は、自らの組織をペロン主義〔ペロン大統領による民族主義的な工業化と国有化の政策思想〕を求める政治運動へと転換しようとの誘惑に駆られる。しかしながら、社会的経済の関係者たちは、社会経済レジームの変化に携わるよりも、とりわけ公共政策の方向に圧力を加えた。

イスラエルにおけるＥＳＳの独自性――モシャブ内の各種構成要素の統合

ＥＳＳの核心的困難の一つがここにある。つまり、ＥＳＳの各種組織や構成要素をどのようにして、連帯原理が支配するエコシステムへと構成していくのかという問題である。この点、イスラエルのモシャブの例が興味深い。キブツが農業の集団的開発であるのに対して、モシャブは村であると同時に協同組合であるという特性をもつ。村としてのモシャブ住民は誰もが協同組合員であり、また、協同組合員は全員が互いに平等な村民である。村長は同時に協同組合理事長である。このような場所の一体性によって、農業生産、貯蓄・信用、中間財供給、マーケティング、水利、消費、在庫、建設、住宅、農産物輸送、会計、年金、さらには保険をそれぞれ運営する各種部門間の相互作用が促進される。[23] このようにして、協力と連帯の基礎にある相互作用が保証される。

モシャブの第二の特性は二重の会計制度にかかわっている。第一の会計は、各成員が協同組合の投資に融資するために支払う負担割合を決定する。第二の会計は、協同組合やその各部局の運営費を記録する。というわけで予備費を立てる必要はなく、原価での部局間移転によって、公正なコスト配分と協力原理の尊重が実現する。

ところがしかし、このモデルは農村でしか通用せず、工業やサービスのセクターではとても真似できなかったようだ。おまけに、政治の方向が当初の集団主義的プロジェクトから離れていったので、当初モデルの潜在的可能性は次第に浸食されていった。イスラエル経済が発展し複雑化するにつれて、一九二一年生まれのこの発明は妥当性を失っていった。それほどに、競争と個人主義台頭という伝来のメカニズムが研磨材的な性格を発揮し、協力精神を損なっていった。

キューバ——自主管理組織の同盟とコントロールの間で逡巡する国家

ソ連がキューバに提供していた支援が終了するとともに、一九九〇年代、少数の生産物の輸出を中心に編成されていたキューバ農業は崩壊した。食糧の安全保障が脅かされた。人びとの切迫したニーズに応えるのは、市民社会の仕事となった。ここにキューバ人たちは、輸送費が供給を制約するという文脈のなか、都市の需要を満たそうと都市型農業を発展させた。数々のイノベーションが起こったが、それらは劇的な状況が呼び起こした創意工夫を代表するものであった。(24)

このとき国家は土地を提供することによって、こうした先進的行動(イニシアティブ)の促進に努めた。これにかかわる協同組合は食糧政策の統合的部分をなしていたからである。社会的経済を公共政策のうちに再統合した典型例がここにある。こうしたイニシアティブは、経済活動の慎重な自由化という一般的運動の一環をなす。けれども政府は、一種の修正的計画化によって例えば地域内の公正な分配を保証しながら、コントロールを維持しようとした。それが成功したことは、自主管理イニシアティブの経済全体への拡張を示唆するものかもしれない。ここに当局はジレンマに直面しているようにみえる。政策一般の方向性についてのイニシアティブを失うことなく、いかにして社会的経済を促進するか、というジレンマである。

ここには、ＥＳＳの全歴史を貫くところの、国家的論理と協力精神との対立が見られる。それはアンリ・ノゲスが以下のように強調するとおりである。「市民社会のなかで生まれ活動家によって支えられた経済的イニシアティブの発展は、権力を行使する政治当局がつねに関心をよせると同時に、不安に思うところであった。なぜ関心かといえば、そうした相互作用から、有益な経済的社会的な転換プロジェクトが生まれるからである。なぜ不安かといえば、これらの当事者は、ひとたび交渉相手となり提案する力をもてば、公権力に対する異議申し立ての力に、さらには対立する力に転化しうるからである」(25)。

コモンズ――ＥＳＳと同一視するのは錯覚

この分析段階で、エリノア・オストロムによって練り上げられたコモンズの理論が、自主管理（オートジェスチオン）概念の妥当性に決定的に貢献したことを無視することはできなかろう。というのも彼女は、グループの成員たちは多様な用途をもつ資源を共同で管理するために実験をし、最終的には、成員たちの相異なる利害を和解させるような効果的かつ持続的な組織を発見していくということを示したのである。そのための統治の様式は、ヒエラルキー的でもなければ、一連の契約によって成文化されているわけでもない。これ〔自治〕こそ、ＥＳＳの意図と合致し、ＥＳＳのプロジェクトを強めるものである。[26]

とはいっても、コモンズやＥＳＳがそれぞれに機能する文脈は異なっている。コモンズの場合、その目標とするところは、競合しあう物理的資源（その意味は、この資源が限られた量において利用可能であり、ある個人や企業によるその消費は他の個人や企業による消費を低下させるということである）を、比較的孤立して、つまり他の存在との相互作用なしに管理する点にある。ＥＳＳの場合には、その活動の中核は、十分に発展した社会における工業生産物やサービスの創造にかかわっている。その一つに、プラグマティックなガバナンスによる特異な思いつきがあり、また別の一つに――生産協同組合や非営利団体に枠組みを与える――ゆっくりとした制度構築にかかわる法秩序への登録がある。最後にＥＳＳは、市場競争および公共的介入によって、豊富なコーディネーション・メカニズム〔調整装置〕をもつ経済のうちで機能する。これと対照的にコモンズにおいて支配的なのは、市場と国家の伝統的対立からは最もかけ離れたところの、創意工夫ということなのである（**付表7参照**）。

オストロムの創設的な分析以来[27]、コモンズの語は当初の概念上の飛躍的前進（ブレークスルー）を大幅に超えて、きわめて多くの問題に適用されてきた。例えば、論者のなかには、ウィキペディアはコモンズの実践、つまり知識の収集の実践なのだと考える者もいる。事実はといえば、この非物質的コモンズは、同じ知識を共有することは他の利用者の害とはならないがゆえに、非競合財にかかわっている。それゆえ概念的にいえば、ウィキペディアは、たとえそれが民間イニシアティブと公的介入の間の第三の道に属するという直観が根強くあったとしても、〔競合財にかかわる概念たる〕コモンズを構成しはしない(28)。

何人かの論者がコモンズの概念を、標準的経済理論にいう「グローバル公共財」なみのものに適用しようとするとき、この概念はさらに大幅に拡張されることになる。地球の居住可能性の保全、世界の公衆衛生、世界経済の開放性、国際金融の安定性、等々、へと拡張されてしまう。競争と国際公共政策という二重の袋小路に対して解決への道を示すこうした前進には政治的魅力がある、ということは分からないわけではない(29)。だがしかし、分析的にいえば、いかなる市民社会も世界規模で形成されたためしはない。だから、このレベルで熟議し意思決定することはできない。人びとは世界的な政治の舞台を創設するにはほど遠い。われわれは、コモンズの理論が想定する少数の当事者間の互酬性の原理の対極にいるのである。ＥＳＳの射程は限られており、それは当事者たちの相互作用の結果であって、公共財とか一般利益とかを主張するものではない、ということを想起すべきでないか。

自主管理のプロジェクトが遭遇した度重なる困難を前にして、協力の各種形態が出現し、次いで進化するのを決定するさまざまな過程を診断することができるのだろうか。

第6章

「社会的連帯経済」の拡大と縮小

明らかなことだが、ＥＳＳ〔社会的連帯経済〕は、資本主義企業を上回るほどにその経済パフォーマンスがすぐれているから必要とされるレジームだ、というわけではない。加えて、ＥＳＳに有利な政治同盟を結成するのは難題だと思われる。理念のなかではＥＳＳに立脚したレジームを考えることもできようが、それでもなお、道を拓いてこれを具体化していけるような過程が必要とされている。敵対する二つの過程が作動しており、それによってＥＳＳの発展、成熟、後退というサイクルが繰り返し生まれているようにみえる。

第一の過程――市場競争からの落ちこぼれと国家保護との連合

協同組合、とりわけ生産協同組合が出現する状況について国際比較をすると、ある象徴的な特徴が見えてくる。昔からの工業企業が、競争の激化といった経済情勢の反転に直面する。こうして損失が積み上がり、銀行も買収候補者も事業継続の提案を断念する。労働者集団は多くの場合、地方、地域、さらには一国の当局に向かって、自ら一時的難局だとみなすこの事態を乗りこえうるような国家的支援を要求する。それほどに労働者は、企業で蓄積された能力や、マクロ経済的状況が改善された際の活動のリバウンドの可能性について、確信をもっているのである。

公権力が公的援助の延長を拒否することがありうる。進行中の構造変化を考慮すると、企業は延命できないだろうと公権力が判断するからである。こういった状況下で労働者は、生産手段を継承しながら労働者協同組合の結成を要求しつつ、自主管理モデルを参考にしようと考えたりする。(30) こうした過程は、アルゼンチンを絶えず襲った危機という文脈においても、リップの例〔第5章参照〕のようにフランス産業史においても見られる。一九七〇年代、ブザンソンのこの時計会社は破産寸前であったが、労働者がこれを自主管理方式によって再度軌道に乗せ、SCOP〔経営参加型協同組合〕の形で回復させたのである。

理論的にいえばSCOPの設立は、以下の二つの過程を克服しようとするものとして解釈できる。第一は市場の論理であって、そこでは倒産は生産構造の調節の正常な形態なのである。第二は国家の論理であり、この論理自身を導いているのは、あるいはテクノクラートの論理であり、あるいは、イデオロギー的とまでは言わなくとも、固有に政治的な方向性なのである。

社会的連帯経済が、競争原理、政治権力の能力、その大なり小なり強固な意思が組み合わさった限界のうちに、どれほどはまりこんでいるか、あらためて推し量れよう。実際、こうした出現過程は、協同組合的構造のいちばん初期の経験以来、繰り返されている。

第二の過程——競争圧力と支配的レジームに結びついた模倣主義とは協力を不安定化する

以上のように、ＥＳＳの組織はつねに、既存の社会経済レジーム——いちばん多いのは資本主義に支配されたレジーム——のうちにある。だからその持続性は、このレジームによって推進される力学との両立性に依存する。ＥＳＳという形態を生み出すに至った危機がひとたび克服されるならば、ＥＳＳは、安定した成長レジームのなかでその全活力を発揮している競争に対応しなければならない。補助金や保護メカニズムがないと、社会的連帯経済の支配は限界に陥る。おまけに、多くの介入や公的規制がある経済では、それらがＥＳＳに固有の力学に悪影響を及ぼす。同型性の原理というものがあって、そのおかげで、一国の諸制度や地域別・部門別の組織諸形態は、それらが繰り返し相互作用しあうなかで照応的な関係ができあがるわけだが、その同型性の原理が理解されることになろう〔**第5章**参照〕。

こうした力は金融の領域において格別に作用する。例えば、協同組合銀行の経営陣は、自分たちの収益が最も革新的な銀行のそれよりも劣っていることに気づき、ついには協力原理を曲げて金融市場で上場企業の地位を手に入れたいという誘惑にかられることがある。同じように、金融危機の反復をなくすための規制は、金融機関の法的地位が何であろうと一義的に適用されがちである。これは〔資本主義的企業とＥＳＳとの〕ハイブリッド化のもう一つの形態であり、それゆえ、ＥＳＳの基礎原理を危険にさらすもう一つの形態である。したがって連帯金融は、投機的熱狂とその結果たる金融危機との渦のなかへと引き込まれる可能性がある。支配的諸制度がもつこうした研磨材的性格は、生産協同組合にも悪影響を与える。

一つの結果――ＥＳＳの拡大と縮小の反復

以上のとおり、社会的連帯経済のほとんどの形態にとって、出現過程とその後の縮小過程とが連続していく傾向にある。アルゼンチンの貨幣史はその印象的な一例を提供している。二〇〇〇年、一大経済危機が発生して、銀行の回路が、ひいては支払可能性が阻止され、ついには私的な地域通貨が創出されるに至った。地域通貨の目的は、フォーマル・セクターにおける雇用収縮によって窮乏化し周縁化された人びとの生存を守るために、最低限の取引を支えることにあった。これと並んで、外国通貨の流入に依存していた中央銀行の行動能力を超える為替危機のせいで、経済政策には打つ手がなかった。こういった閉塞状態は、一九七六年から二〇〇〇年代初頭まで繰り返された。中央国家が麻痺したので、各地方は近代貨幣とは何なのかという基礎――流通し支払手段として役立つ公的債務証券の発行――に立ち戻ることになった。そ

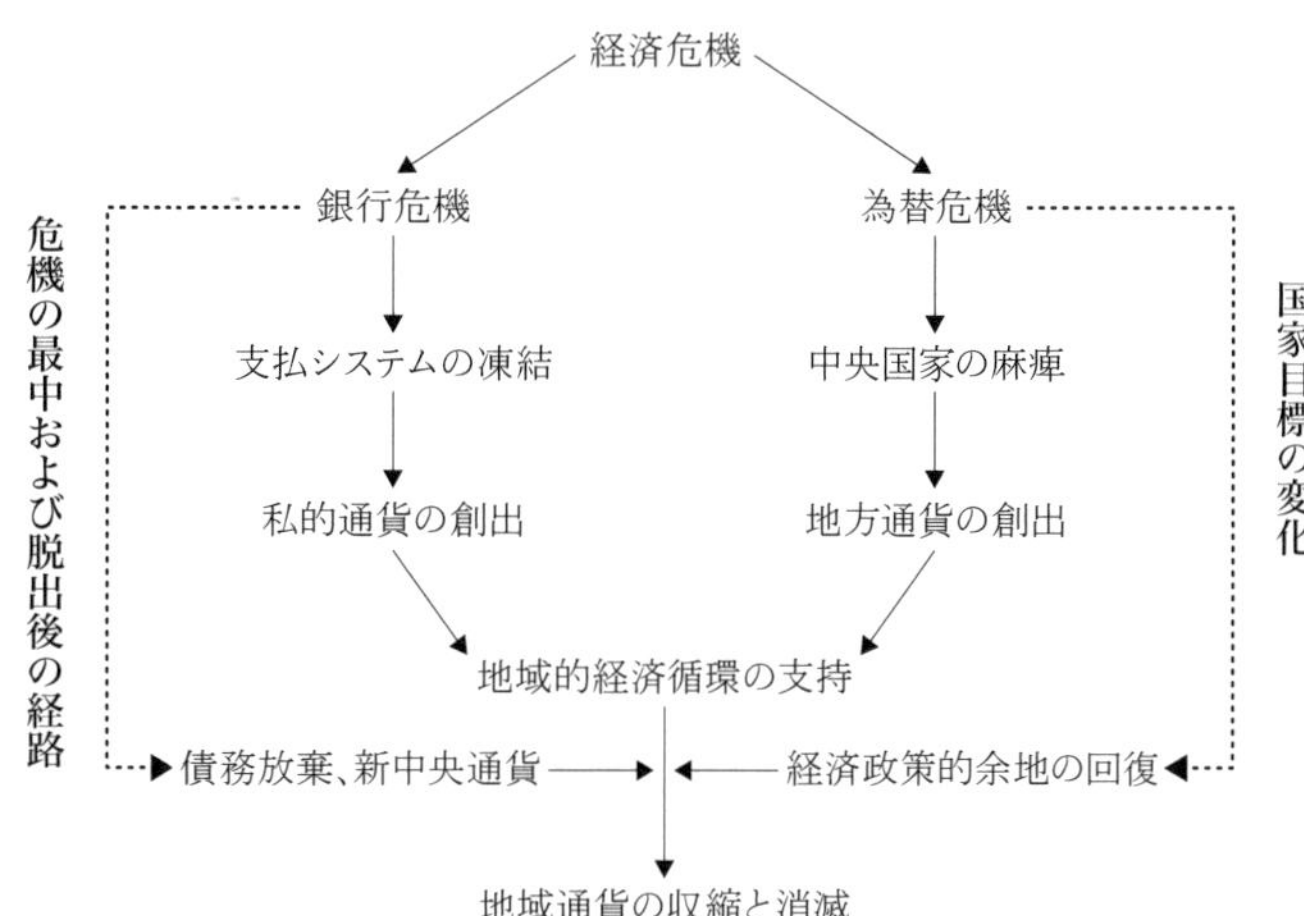

図 11　銀行危機を前にした地域通貨の反応

こから公的な地方通貨の激増が説明できる。民間と公共のイノベーションが結合して、最低限の経済活動を支え、極端な貧困への転落を抑制したのである。

このような劇的出来事は、一方で返済不能銀行の破産をもたらし、他方で公的債務証券についての――たいていは国際的債権者との――再交渉へと至った。この重苦しい過程の末に、驚くほど活発な回復が起こり、その成功によって、民間の地域通貨が吸収され、国内政策の自律性の幅が広がった。この段階で非営利団体や協同組合は、利潤追求原理で動いている伝統的企業の力学とくらべて、その役割が低下していった。

伝統的経済と社会的経済との循環という考えを展開できるのかもしれない。この点、アルゼンチンの軌跡が提供しているのは、成長レジームの終焉を画した一九七六年大危機以来、いくつかの例が連続しているということだ（図11参照）。

さらに一般化していえば、世界経済の多様な諸国・諸地域におけるＥＳＳの比較力学を概観すると、どんなに深刻であっても一つの危機が、資本主義経済から連帯と互酬性に立脚したレジームへの移行を推進させることは決してないということを示唆している。

到達困難な理想的モデル

制度経済学は市場に枠をはめるに際して制度がもつ決定的役割を強調したが、その制度経済学はこうした度重なる挫折を説明してくれる。私有財産経済にあっては、各種の制度諸形態――賃労働関係、競争レジーム、貨幣金融レジーム、世界経済への接合形態、市民／国家関係――は、互いに調整しあう傾向にある。制度諸形態は補完性効果を生み出し、これによって当該の構図がもつパフォーマンスならびに回復力が説明される。

ところがＥＳＳは、自らを支配的な社会経済レジームとして確立させるような補完性を組織するのに苦労している。というのもＥＳＳは、現行の社会経済レジームの構造的弱点を取り繕うケースがあまりに多いからである。だからＥＳＳには、自らに固有の相乗効果を押しつけ、最終的に利潤の論理に取って代わりうるような、そのような累積的過程を起動させる力は存在しない。

言ってみれば、市場の限界や国家の限界をそれぞれ承認するイノベーションの流れは、市民たちが、地域レベルでも一国レベルでも、集合的サービスの展開をコントロールする力をもっているという文脈のなかでは、包括的な生産協同組合、消費者協同組合、責任ある貯蓄を促進する独自な金融の様態を生み出すはずである。悲しいかな、そのような好循環は純粋な形では決して見られない。というのも、ＥＳＳはしばしば、欠陥にみちたレジームの松葉杖としての役を果たしており、このレジームは好況が戻れば松葉杖を必要としなくなるからである。要するに、ＥＳＳのうちに補完性が生まれ始めても、それはオルタナティブなレジームへと自己形成していく時間をもたないのである。

加えていえば、社会の表象やイデオロギーは相変わらず利益や個人主義の論理に支配されており、共有財（ビアン・コマン）や連帯の論理が支配しているわけでない。これは、あるレジームから他のそれへの移行に際して、もう一つの阻害要因をなす。

つねに進化しつづけるセクター

ＥＳＳがある独自な社会経済レジームへと自己形成していくに際して構造的障害にぶつかるという事実があるとしても、それがある大いなる美点をもっていることまで否定することはできなかろう。それは顕著な反応性と適応性ということであり、これは進化論的歴史的アプローチが確認しているところである。

実際、連帯の領域は今日では当初のものと大いに異なっている。すでに強調しておいたように、当初期の先進的行動は、資本主義の躍進やそれが意味する蓄積過程および反復的危機によって変容した社会において支配的な、生活不安や不安定性への対応のうちにあった。こうして消費協同組合、相互信用金庫、さらには疾病リスク保障の最初の形態が生まれた。時の経過とともに、以前は無数の非営利団体（アソシアシオン）、共済組合、および程度は低いが協同組合によって保証されていた社会保障を、社会保障国家による承認へと集約していこうとする社会闘争が増えてきた。ある意味で社会的国家と呼ばれるものは、社会的経済の連帯の要請が国家へと合体されたもの以外のものではない[31]。

第二次世界大戦後のかくも特別な構図は、一九七〇年代以降、危機に突入してしまった。これは社会的保護のコストを制御しようという試みを意味するが、そのとき同時に、新しいリスクが出現するようになった。社会的経済の新しい世代の従事者たちは、こうした新しい要請に対応すべく専念した。それは社会的排除との闘い、雇用による包摂、地域交換システムの発展、さらにはエコロジー的脅威の高まりへの対応としての循環型経済などである。こうして二世紀の幅で見ると、ＥＳＳの堅固な核心と組織諸形態は完全に転換した。すでに強調しておいたように、ＥＳＳは社会的イノベーション刷新の母胎である。結果として、ＥＳＳには将来性がある。というのもＥＳＳの過去が示しているのは、その顕著な強靭性であり、いくつかの社会関係を転換しうる能力だからである。ここに至って、これまでの叙述がもついささか悲観的なトーンは修正されねばならない。

歴史は否応なく反復するものなのか。それとも、現代経済においてこの二〇年来見られる多様な変化は、社会的連帯経済の黄金時代を開いてゆくのだろうか。

第7章

金融危機・健康危機・環境危機と「社会的連帯経済」

大切な点は、レギュラシオン的分析の導きの糸との関係を問うことだ。つまり、賃労働関係の長期的進化との関係において、また、国家–経済関係の進化との関係において、社会的連帯経済〔ESS〕はどう位置づけられるか、を問うことである。

超国籍的プラットフォーム資本主義はある意味で、ESS創設の父祖たちによる地域主義ならびに連帯主義の絶対的対極をなしているのであるが、その超国籍的プラットフォーム資本主義の力の台頭による国境越えということを考慮する必要はないのだろうか。

近年における制度派理論の前進は、ESS確立に向けての新しい議論や革新的な戦略を提供しているのだろうか。

世界的金融危機のあとにパンデミックが連続して起こったが、それによって、規制緩和、金融化、グローバリゼーションの各種利益に抗議する新しい時代は開かれていないのか。

企業は依然として労働と資本が対立しあう中心的な場なのか。それとも、国家と市民の関係が決定的となり、民主主義と連帯の結びつきという問題が提起されているのだろうか。

これらの問いに着手することが重要だ。

賃労働関係・国家・ESSの関係についての歴史的回顧

同じ言葉であっても、とりわけ社会的経済（économie sociale）という言葉の場合、その意味や内容は歴史の経過のなかで大きく進化するのが見られる[32]。一九世紀初頭には、暴力的な工業化過程や賃労働関係の普及による従属関係や不安定就労によって、連帯という本来の姿の回復要求が呼び起こされた。消費、信用、さらには共同利益の防衛といった領域で、アソシアシオンのネットワークが発展した。次いで一九世紀中葉以降には、生産者が協力しあう各種の形態が登場し、賃労働関係への従属に対抗した。生存リスクを保障するための共済組合が生まれ、これは連帯のもう一つの表現形態をなした。

以上の各期は、社会的および政治的な、また経済的さらには金融的な危機への対応であったことが、強調されねばならない。第三期〔二〇世紀以降〕にあっては、社会的保護の問題が中心となり、生活配慮ということが社会的経済の目標の一つとなり、はじめて、このセクターが社会領域における公的介入の代替者となり後継者となった（**付表8参照**）。

第二次世界大戦はさまざまな点で断絶を画した。第一に、新しく女性労働が登場した。第二に、賃金労働とボランティアとの区別が現れた。公共政策が雇用の仲介役を務めることが広まった。最後に、民間と公共の媒介役として、労働者協同組合や特定の企業を経営するアソシアシオンが生まれた。

「第三セクター」という概念は、このような混合経済段階に照応している。そこでは、公的セクターによる枠づけと市場競争メカニズムに頼ることとは、矛盾するというよりも補完しあっていた。しかしながら、社会的保護における欠落は残存したままだったので、社会的経済のイノベーションは、この公共／民間関係のこうしたバランスへの補足となった。ＥＳＳは、たいていは地域および部門のレベルでの、ボランティア精神と連帯目的の優先を基礎とするものであった。ヨーロッパでは第二次世界大戦後、アングロサクソン圏での研究によって福祉資本主義（ウェルフェア・キャピタリズム）と名づけられた、独自な資本主義形態が勃興した。実際、労働事故、疾病、失業にかかわるリスク保障を求める社会闘争は絶えることなく続いた。そうした社会闘争は、成長のダイナミズムと安定性を資金源として、社会保障の拡充となって具体化されていった。

このレジームつまりフォーディズムの危機とともに、社会的経済は新たな道に入った。雇用への統合の問題は重要性が高まり、各セクターや雇用の地域別受け皿に適した政策が必要となった。ＥＳＳはこの役割を果たすことができる。その結果、アソシアシオンの専門職業化が見られるようになった。ＥＳＳは公権力の補助金の恩恵を受けるようになり、一般的な雇用政策の手が届かないような役割を果たすことになった。ここでもまた社会的連帯経済は、フォード的成長レジームの解体やオルタナティブの模索的追求を前にして、緩衝装置として登場する。第三セクターという概念が中心的なものとなり、中央国家の雇用政策の遂行におけるＥＳＳの位置はどうあるべきかをはっきりさせる公式レポートの対象となった[33]。

この第三セクターは、長期的歴史において見られるところの、国家万能の企てと市場の自動調整への希望との振幅を避けるためのテコの一つになりうるという考えが、おずおずと表面化してきた。疑問が一つ残る。ＥＳＳのプロジェクトは資本主義および国際レジームの転換と合致しているのか、と。

社会的連帯経済は、相継ぐ歴史的時代の一部をなすが、しかし決して同一性が再現される形で再生産されてはいない。それどころか現状では数多くの特殊性を示している。というのも、一連の特異な課題に対処することが重要だからである（**付表9参照**）。

ＥＳＳ対 超国籍プラットフォーム資本主義――土鍋 対 鉄鍋か

プラットフォーム資本主義〔七六頁参照〕は、情報の処理・伝達投資に固有にみられる、規模にかんする収穫逓増〔大規模になるほど産出量もそれ以上に大きくなること〕を動員する。これこそ寡占的権力による征服の源泉であって、それはもはや一国的レベルでなく世界的レベルで表現されるようになる。これと対照的に、国家が国内的成長を促進しうるのは、もっぱら、国境を越えることのない公権力（教育、公衆衛生、研究、インフラ）というツールによってである。ＥＳＳはといえば、それが規模の収益を動員しようとなると多くの困難にぶつかる。というのも繰り返し強調してきたように、連帯原理はその射程が限定的だからである。社会的連帯経済は不断に組織的イノベーションを生み出すが、技術（テクノロジー）的イノベーションにおいては必ずしも強みをもっていない。

競争レースに支配された世界にあっては、国家は、生産性と生活様式転換の原動力としてのイノベーションの推進役へと、自らを変容させていきがちである。実のところ、現代の諸政府は大部分、社会的イノベーションよりも先端テクノロジーの大躍進に神経をとがらせている。たしかに先端テクノロジーは、国民国家間の経済競争において決定的なものとなったからではあるが。そういった文脈にあっては、ＥＳＳは、競争の復活やその過剰が引き起こした社会的コストの治療（セラピー）手段だと考えられている。

グローバル化した経済の持続性にかんしていえば、二流の国民国家はたいてい、多国籍企業やグローバル金融の要求に自らを合わせていかざるをえない。対照的に、当該のレジームが社会的に受容されるかどうかは、一定の社会的グループの不満が都心や首都の街路で騒々しく顕在化したときにのみ、問題として現れる。ここに見られるのは、経済効率への配慮にくらべて社会的な配慮は従属的な役割しか果たしていないということである。

市場行動なるものは機会主義的であるので、信頼の構築を危ういものにする。実際、情報の非対称性とか、市場権力が規制・規範に対する影響力へと転換することとかによって、世論は疑いの眼をもつようになる。経済的利益はおよそ一般的利益を守るものではなくなる。まさにここに、ＥＳＳの利点と魅力のすべてがある。というのも、互酬性の原理とコミュニティの視線下での行動原理とは、参加者たちの間で信頼を持続的に維持するための二つの成分だからである。市場とＥＳＳのこうした階層的関係は、超国籍的資本主義――それはホモ・エコノミクスこそは考察すべき唯一の人間的構成要素だと想定する――の受容可能性と正統性のうちに取りこまれていく。

国家・市場・ＥＳＳのうちどれが、システミックな危機に対処するのにいちばんふさわしい位置にあるのか。一般論として、二〇〇八年危機がそうであったように、ほかならぬ金融投機は自らの限界に突き当たり、景気の突然の反転を引き起こす。だから、他の二つの――集団的行動に基礎づけられた――コーディネーション手続き（国家と市民社会）に頼ることが重要となる。地域やセクターのレベルでは、非営利団体（アソシアシオン）や協同組合（コーペラティブ）が、経済危機のいちばん悲惨な結果に対する有用な緩和装置として登場する。危機がシステミックなものとなった場合、連帯は地域レベルから全国民空間へと広げられなければならない。このとき各国に固有な国家装置が引継ぎを受け、とりわけ各種のアソシアシオンに助けを求めつつ、社会的紐帯の崩壊を避けようとする。[34] 新型コロナ感染症の勃発によって、大危機ゆえの社会的亀裂を取り繕う能力という点で、こうした階層的関係の意味が確認された。

要するに、超国籍的資本主義は、たとえそれが大危機を引き起こすことがあったとしても、ほとんどの社会のダイナミクスを推進しているのである。そしてその大危機は、国家や社会的経済によって克服されねばならないのである。にもかかわらず国家や社会的経済は、ほとんどすべての資本主義を転換させるような傾向を後押しできるというにはほど遠い。というわけで、ここでもまたＥＳＳの従属的性格に出会うのであり、ＥＳＳの理想は危機からの出口を示唆するものではない。[35] これは知的・イデオロギー的な問題なのか、それとも学的・政治的分野での論題なのだろうか。

ＥＳＳのアクターたちは社会経済研究の先端的成果を用いることができるか

本書の分析はたびたび、経済活動を先導する組織諸形態や諸制度を正統化するに当たって、観念、表象、さらにはイデオロギーがもつ役割について強調してきた。「見えざる手」という――幻想とまでは言わないまでも――生きた仮説は相変わらず維持され正当化されているが、飛躍的に前進した現代的研究のうちに、それと同じくらい強力な正当化の論理を見出すことはできるのか。「見えざる手」のメタファーは標準理論を奉ずる経済学者にとって、市場は経済活動のコーディネーション・メカニズム〔調整装置〕のなかで非効率性がいちばん小さいことを説明するのに役立っているが、だからといってその論証はなされていない。ＥＳＳはこれにどう答えるのか（**付表10**参照）。

注目すべきことに、国家 対 市場という教科書的対立はもはや、社会組織にかんする立場を定義するには不十分である。実際、一九九〇年以来、ソビエト型レジームが崩壊したことによって、国家万能なるものは長期的に持続力のある経済レジームをつくりはしないことが示された。これと対称的に、二〇〇八年の金融大危機は市場万能なるものの長所についての再検討をもたらし、それは二〇二〇年のパンデミックによってさらに促進された。イデオロギー的および政治的な選択のいかんにかかわらず、いかなる民間行為者（アクター）も払いのけられないような根本的不確実性に対処すべく、国家は針路を指し示す責任があるのである。

ところが明らかになったのは、対新型コロナ闘争プランの社会的受容可能性ということが中心的変数になったということである。そのとき、市民社会の重要性ということが再発見されることになった。市民社会の内部では、非市場的・非政府的な各種組織が協力や連帯の実現について責任を負ったが、これは他の二つのコーディネーション・メカニズム（国家と市場）では保証できないことであった。すでに強調しておいたように、社会的連帯経済は、立法者たちの伝統的表現を用いるならば、この「第三セクター」の創設的原理として登場する。

ところが困ったことに、市民社会はしばしば、他の制度編制の弱点を補うものとして、消極的に定義されている。イギリスのブレア主義のプロジェクトがそれだ。つまり、最大限の責任を市民社会に委譲することによって、国家の社会的責任を縮減する、といったように。この政治プログラムがひとたび実施されると、それは不平等の拡大を、また公共サービスや医療だけでなくインフラへの投資縮小を認めることになってしまった。それは結局、二〇年後には、正式なる国家に復帰することになったのだが。

コモンズの理論はもっと的確だ。この理論は直接に経済学の中心問題に差し向けられているからだ。個人的諸戦略が相互に依存しあっており、それを市場メカニズムは乗りこえることができないという文脈のなかにあって、稀少資源をいかに管理するかという問題である。この問題構成の長所は、実験と交渉のなかで、参加者全員が満足するような結果を保証するゲームのルールを次第次第に創り出すのは、当事者自身だということを強調している点にある〔**第1章**参照〕。

公共財理論の示唆によれば、このモデルは地域レベルでの稀少資源の管理にはうまく適用できるが、コーディネーションの空間が拡大していくにつれて、適用がますます困難になる。同じくまた、コモンズの信奉者がグローバル・コモンズ――とりわけ気候や安全保障にかんして――のために論陣をはることがあったとしても、彼らは、これを管理しうる超国籍的組織の出現が可能となるような社会的ネットワークの創出を促進することはできていない。新型コロナ用のワクチンの普及を共同化するに際してはかなりの困難にぶつかったが、これもコモンズ概念の限界を示す例である。他方でコモンズは、フリー・ソフトウェアとしても実現しており、これに貢献した者は世界中に存在する。この二つの例の分割線は、コモンズ探求の性格が強制的か自発的かにある。

社会学や異端派労働経済学はすでに以前から、労働世界における協力という事実に好意的な多数の議論を展開してきた。効率賃金理論はひたすら、高い報酬は労働力の安定化と生産性に有利にはたらくということを示しているではないか。労働市場の規制緩和措置が長引くとともに、競争圧力によって労働条件は悪化し、従業員のモチベーションは低下した。結果的にいえば、例えばSCOPでは、協力者たちが優先され、それによって、賃労働関係の各種構成要素間におけるバランスがよりよく保たれることが当初から約束されている。こうした特徴は必然的に、労働市場への新規参入者が、従業員という地位よりも協力者の地位を選ぶという流れを強くしていくはずである。しかしながら、本書全体にわたってすでに指摘してきたように、ある難点が立ちはだかっている。ESSは、オルタナティブの創設者としてよりも、社会経済レジームの構造的弱点への対処法として登場する、という難点である。

企業法は、所有権の問題や出資者への責任にかんしてのみならず、従業員の権利尊重にかんしても、不断に多様化してきた。アングロサクソン世界においては、株主だけが株式会社の経営に対して発言権をもつことが広く認められているとしても、ヨーロッパ大陸ではそうではない。その象徴的な例はドイツの共同決定だ。さまざまなレベルでの意思決定への労働者の参加――企業レベルでは最高経営会議、事業所レベルでは事業所委員会――によって、相異なる利害関係者の利害をバランスさせることができる。ある意味でこの型の参加は、典型的な資本主義企業と協同組合の一形態の中間に位置している。

従業員のこの共同責任制が経済パフォーマンスにマイナスの影響を与えたことはまったくないことが、経験的に示されているので、連帯と協力の擁護者はこれに勇気づけられるはずである。また、伝統的企業やさらには協同組合とくらべて、大規模株式会社が税制上の優遇を受けてはならない。このことから、ＥＳＳを支えるための公的補助金が必要となる可能性という問題が見えてくる。協同組合経済が資本主義経済よりも優勢となり、ついには純粋競争メカニズムによって自らが強制されるといったことは、考えられるだろうか。この最後の仮説に対しては、歴史はあまり味方していない。

ここで重要なのは、一九七〇年代に成功をおさめたが、それ以降すっかり忘れ去られてしまった理論を復活させることである。シェア・エコノミーということが、付加価値の分配原理のうえに基礎づけられうるかもしれない。つまり従業員は基礎的報酬を受け取るとともに、はっきりと利潤の分配にあずかる。資本－労働のコンフリクトが緩和されるだけでなく、失業が本質的調整役をなす資本主義経済とちがって、完全雇用がルールとなることが簡単な定式化によって示される。これは依然として資本主義経済なのか、それとも、独自な報酬原理に立脚した協同組合の一形態なのか、問われてよい。しかし、理論による予測と観察された実践との乖離はかなり大きい。つまり現在までのところ、利潤分配制や従業員インセンティブ制は、マクロ経済を衝き動かすに十分な空間をまったく征服できていない。

ネットワーク理論には、社会的紐帯が構造化されるメカニズムを明らかにするという利点がある。そこから見ると、ESSの各種組織間の協力によって、経済の他の部分から相対的に自律した大陸を形成することができるかどうかが、問われなければならないだろう。研究文献が教えるところによれば、国際レベルのものを含む協同組合運動をコーディネートする試みは多数にのぼる。しかしながら、関連する諸関係が緊密だとしても、多様な株式持合いを通して資本提供者を結びつける諸関係と張り合うことはとてもできない。なぜなら、一点だけでも挙げれば、洗練された金融市場は、昔のコングロマリットを想起させずにはおかないような集合体を構成するまでになっており、所有権のつながりを迅速に組み替えうるからである。

ＥＳＳが政治的なものと経済的なものとの蝶番であるかぎり、二院制の政治レジーム(36)によって制定されたのと同じような権力監視制度を企業内に導入しない手はなかろう。そうすれば、企業の戦略や管理までもが、資本提供者の仲間と、技能提供者の仲間つまり従業員との、同時並行的な同意のもとに置かれうることになろう。

そういったシステムについては、二重の読み方ができる。すなわち一方で、これは協同組合と資本制企業を総合する一形態だとも読めるし、他方、従業員集団に与えられた拒否権の力によって資本主義とはまったく別のレジームが生まれるとも読める。第一のケースにあっては、それは企業内において労働に対する資本の優位性の追求と両立するわけだから、考えうる一つの進化でありえよう。第二の場合、それはまさしく生産様式の歴史における革命にほかならない。もっとも、こうした当初の提案を、ドイツの大企業において実行されている共同決定と比較してみるとき、問題は複雑であることを知っておくべきだ。そこでは賛否同数の場合、勝利するのは資本の代表者の声なのである。

共同決定に応用されたパラダイムはたくさんあるが、残念なことに、ＥＳＳに否定しがたい正統性を与える決定的論拠は存在しない。そして、行き過ぎた新自由主義的政策による危機の反復が、社会的連帯経済の擁護者にとって最良の論拠であったとしたならば、どうであったか。

ＥＳＳにとって二〇二〇年のパンデミックは二〇〇八年危機よりも不都合だ

とはいっても、あらゆる危機は互いにまったく似ていない。その起源や展開過程が顕著に異なりうるからだ。危機を区別するものは生産低下の大きさでなく、むしろ経済が遭遇した困難の性質——金融的かつ経済的なものであれ、健康上のものであれ——である。

分析が複雑になる理由の一つは、まさに、組織諸形態やそれが経済のうちに編入される型が、経済情勢の偶然に対してさまざまに異なった形でさらされているという事実にある。

例えば、工業の協同組合（コーペラティブ）だけでなく、宿泊業や文化といったセクターの協同組合は、全般的な経済情勢に極端に敏感に反応する。というのも、これらが経済全体のなかで小さな比重しか占めていないことを考慮に入れると、これらの協同組合は、大多数の企業による利潤追求の結果たる蓄積の大小によって推進される経済の力学を阻止する手段を持ち合わせていないからである。

反対に、医療、雇用への統合、教育といったセクターで活動する非営利団体（アソシアシオン）は、「反景気循環的」な特徴を有している〔好況期には活動が低下し不況期には活動が活発化する〕。つまり、典型的な市場経済の危機においてこそ、民間セクター内での調整に逆らって、連帯に立脚したこれら非営利団体の論理が実行されうるのである。

財団（フォンダシオン）はといえば、それは少々異なった論理、つまりフィランソロフィ〔博愛〕の論理に従っている。大成功をおさめ巨万の富を蓄積した企業家や会社は、その富の一部を公益事業に寄付する必要を感じる。しばしば十分な税額控除があることも魅力となる。したがってこの現象は、アメリカとヨーロッパの比較からわかるとおり、富が偏在していればいるほどよく見られる。芸術と健康は財団が活動する特権的分野であるが、マイノリティが職業上のキャリアアップをはかれるような各種制度も存在することに注意されたい。

共済組合（ミュチュエル）はさらにまた異なった諸力に従っている。というのも共済組合は、連帯原理を維持しながらも、新しいリスクに直面しなければならないからである。この点で共済組合は民間保険とは区別される。

結果として、一個同一のマクロ経済的情勢が矛盾的な効果をもたらす。パンデミックの第一波に対応したとき、協同組合の数はほとんど安定的であった。逆説的なことに、非営利団体はその雇用が激減し、財団は、関係する人員は小さいままではあったが増募した。このように、連帯や地域的互酬性という同じ論理のもとで、特殊な諸組織が共存し、経済活動のうちにさまざまな形で編入されているのである。このことは経済的回復力の一因だと考えることもできようが、しかし逆に、金融危機や健康危機に際してＥＳＳのあらゆるセクターが繁昌するということを意味しない。繰り返しになるが、それぞれの内生的メカニズムがどうであろうとも、それだけでは時代から時代へと続く傾向に従って、経済活動中の自らのシェアを拡大し征服していくことはないのである。これまた印象的なことであるが、ESSと残りの民間セクターは大変よく似た進化をとげている。それはおそらく、非営利団体、協同組合、共済組合、財団は経済のほとんどのセクターをカバーしているからであろう（**付表11参照**）。

　ESSの各種構成要素を集計してみると、二〇〇八年における金融危機およびこれに次ぐ経済危機の炸裂は、典型的な民間経済における雇用の停滞およびこれに次ぐ微減を引き起こし、逆に、社会的連帯経済の発展をもたらしたことが、浮かび上がってくる。しかしこの動きは累積的なものではなかった。つまり、民間経済が活力を取り戻すや否や、ESSの実員は停滞した。ESSは民間経済における蓄積によって衝き動かされるマクロ経済の力学に依存する性格のものだということが、ここに一再ならず推察されよう。おまけに——土鍋対鉄鍋〔弱者対強者〕のように——中長期的には経済全体におけるESSのシェアは、一〇％を超えることはめったにない。だからこれに、レジーム変化を引き起こす力を期待することはできない。以前の諸章では、このような構造的依存のうえにのしかかる決定論について、これを詳細に分析した。

パンデミックは営利セクターとともに非営利セクターをも襲った

経済全体に影響を与えた事件に直面して、企業がどのセクターに属するかということにくらべたら、企業の法的地位などは二次的なものになった。二〇二〇年に見られたのはこのことであった。雇用の減少は、営利セクターと社会的連帯経済とでほとんど同程度であった。

事実、ＥＳＳの総雇用はセクター別推移が対照的であったことの結果であった。つまり、飲食、宿泊、芸術、芸能といった活動では雇用は激減し、スポーツやレジャーといった活動では、程度は小さかったが減少した。これと対照的に、自宅待機によって、住宅の性質やその立地を再考しようという欲求が高まり、それが不動産関係の活動の急成長を刺激した。どのセクターに属しているかということが、いわば法的地位よりも重要なこととして浮上してきた。法的地位の特殊性は、経済的ショックの大きさにくらべたらまったく小さなものとなった（付表12参照）。

規制緩和は市民と公共行政との対立を深めた

ＥＳＳはその全歴史を通じて、賃労働関係内部の緊張と、労働紛争や社会保障にかんする国家介入との間で、不断に進化してきた。根本的にいってＥＳＳは、生産組織内における自律性の要求を担ってきた。ところが注目すべきことに、いちばん激しい対立はもはや企業内でのストライキではなく、むしろ購買力の防衛の名において国家に向けられた抗議となった。代わって、労働紛争が増えたのは公共セクターであって、とりわけ保健医療の領域であった。これによって、社会的パートナー間の交渉にかんして国家が前面に出てきた。

この点、黄色いベスト（ジレ・ジョーヌ）のエピソードが好例をなす。生活水準の圧迫を加速させているのは、道路の制限速度の引下げと燃料課税の引上げなのだという。実際、都心や職場とささやかな家庭とを遠く離れさせてしまった都市化が進展したことを考慮すれば、賃金はもはやごく基本的な欲求――特に交通の欲求――を満たすことはできなくなった。けれども、その根底にあるのは、もう切り詰めようのない支出（住宅、税金、電気、交通）を前にして、いちばん貧しい人びと（不安定就業者、退職者、孤立者）の購買力が停滞していることが、黄色いベスト運動に表わされる社会的爆発の源泉だということである。注目すべきは、そこでは企業の賃金政策は抗議対象になっていないということである。公権力や国家に向けられた権利回復要求の対象となったのは、むしろ、増税圧力への対決、ならびに日常的な公共サービスから遠ざけられてしまったことへの対決であった。というわけで社会闘争は、賃金関係よりも市民－国家関係に向けられることになった。

この現象は長期的傾向の一環をなす。資本／労働の闘争は、市民と政府が対立する紛争に転換していく傾向にある。実際、二〇年以上にわたるフランス生産システムの競争力喪失に対応するため、左派政権であれ右派政権であれ、政府は低賃金労働者の社会保障費分担金の免除を決定してきた。この免除制度はひるがえって赤字を生み出したが、資本課税もますます軽減されていたので、結局、資本課税によって赤字を埋め合わすことができなかった。こうした事態に直面したとき、一つの調整変数は農村地域における一定の公共サービスの停止であった。こうして、まさに黄色いベスト運動を代表する人びとを犠牲にして運営されているような、そのような租税・財政政策の不公平性に注目が集まった。加えて労働組合の影響力が失われていたので、賃金労働者の交渉力は消滅しており、彼らは企業権力に対してますますバラバラな人間の集合となり、途方にくれるばかりであった。企業は低技能しか必要としない生産セグメントを海外移転できるのである。

というわけで、社会的連帯経済が発展する部分は、雇用復帰の管理とか、ボランティア・ベースでの地域社会サービスの組織化に関連する部分である。要するにＥＳＳの役割は、不利な社会集団に対する新自由主義のマイナスの影響を埋め合わせる点にある。

のみならずパンデミックは、国家の中心的位置を前面に押し出し、これによって、エネルギー製品や食料品が不足するかもしれないという不安がいっそう高まった。パンデミック期間中の過少投資の結果たるコストの暴騰を勘案して、多くの政府は購買力の喪失を埋め合わせるべく、補助金や社会扶助に訴えた。こうして、賃金という構成要素の存在はかすんでゆき、市民権にもとづく所得みたいなものが地歩を得るようになった。このことは、オルタナティブな経済レジームのありうる支柱たるＥＳＳの魅力を侵食せずにはおかない。

システミックな課題を前にして国家の中心性が戻ってきた

このような構造的弱点は、危機の性質や、現代社会に向けられた挑戦の性質によって、さらに深刻なものとなった。

自らの労働所得で生活する市民と、株式市場の力学によって栄える資産の恩恵に浴する市民の間の不平等の問題は、ＥＳＳが奨励する地域的互酬性のうちには解決策を見いだせない。明らかに問題は、所得および資産に対する累進税制の問題であり、また、教育・医療・職業教育・

さらには文化といった公共サービス利用における完全なる民主化の問題である。これらすべての領域で、国家は一国領土のレベルでの連帯の媒介者である。

金融的経済的危機の反復は社会的紐帯の連帯を脅かす。地域レベルの連帯組織によって一時的に極貧や周縁化が避けられたとしても、歴史が証明するところでは、貨幣的財政的秩序の回復こそが決定的なことであり、その結果ついには、不況のどん底で登場していたESSによるいくつかのイノベーションは後退してしまう。資本主義経済のアンバランスを正すものではあるが、ESSは第二級のオルタナティブとなる。危機から脱出するには――資本と労働の間、債権者と債務者の間、市民と政府の間での――制度化された妥協が前提となるが、その際、国家はそうした妥協の仲介者となり、また保証人となる。ESSの従事者たちは、彼らの社会的イノベーションの名において、その利害関係者となるが、しかし彼らは、社会レベルで新しいゲームのルールを設定する力をもたない。

パンデミックがぶり返しそうだということから、公衆衛生は第一級の優先事項となった。定義によって、この危機に関係するのは世界共同体の総体である。したがって解決策は、病原の追跡、研究努力、公衆衛生計画への融資、ワクチンや治療法の開発における調整といった点で、国際規模での戦略を組織することにある。ESSという組織は、例えていえば非営利目的の病院やケアセンターは、こうした努力に有益な形で参加できるが、しかし、有効な世界的コーディネーションの出現を妨げる障害を克服することはできない。

異常気象をなくしエコロジー転換を図るための闘いは、すでに地域レベルでの行動において考慮に入れられており、そこでは、地区とりわけ地区自治体が重要な役割を果たしている。自治体は、しばしばESS関係者と協働しながら、持続可能な交通手段や建物のエネルギー的改修といった点で、行動しうる。さらにESS関係者は、循環型経済や有機農業――これらは環境破壊を最小化する――の確立に参加しうる。

しかしながら、気候変動に対する意義ある行動は、国民国家、企業、市民、非政府組織を含む多様な諸戦略を調整することによってしか実現しえない。ESSは、理想的には世界レベルで実行されるべきプログラムの、ある偏ったあり方として現れるということを、ここでもまた注意しておこう。

生物多様性にかんしてもほとんど同じ問題が見られる。市民たちによる地域的なイニシアティブは大切なことだ。だがそうしたイニシアティブは、多数の動植物種の絶滅を説明する構造的諸要因をブロックする各種措置の補完物になり終わっている。社会的連帯経済の諸組織は戦闘的な活動の場なのであるが、しかしそれは、解決策をもたないまま、グローバル・レベルの環境保護を目指すプログラムの利害関係者になってしまっている。

以上のとおり、いわゆる「グローバリゼーション」の過程は事実上、対照的な各種社会レジーム間の相互依存がますます強化され深化されていく過程である。ナショナルなものと地域的なものを調整するよりも、グローバルなものとナショナルなものを調整することの方が重要だ。ＥＳＳの互酬性と連帯の原理はその射程が限られているので、この第三セクターは、それ単独では来るべき数十年の最重要問題に答えることはできない。挑戦すべき課題はむしろ、国際コーディネーションの緊密化という課題であり、さらに進んで、世界的共有財――国際開放、金融安定性、健康の安全――を守ることに責任をもつ新しい国際組織を構築するという課題である。

第8章

二一世紀経済社会における連帯の位置

これまでの叙述から、ＥＳＳ〔社会的連帯経済〕の登場、その長所と限界、そこに貫いているプロセスと緊張、社会的イノベーションにおけるＥＳＳ従事者の決定的役割について、有益な教訓が多数えられた。いまや、こうした回顧的・歴史的・比較的分析から、もっと前望的な見方に移行する時である。二〇二〇年代のさまざまな特徴に照らしてみて、社会経済レジームの組織において連帯原理が復活する可能性はどこにあるのだろうか。

もっぱらＥＳＳによって形づくられるレジームには問題が多い

資本主義によって支配されたレジームを司る市場競争原理とは反対に、連帯原理はつねに局地的な射程のうちにある。資本主義は蓄積、イノベーション、経済の構造的制度的変化のダイナミクスを萌芽的に宿しているが、他方、社会的連帯経済は地域ごと部門ごとに置かれた多様な経験から生まれるのであり、政治的社会的空間を超越して累積的に動くわけではない。実際、ＥＳＳの組織諸形態を拡大していくという展望は、そのそれぞれの基盤によって限定されている。これら組織体の規模は、民主主義的ガバナンスの原理によって制約されている。利潤追求を制限するという目的は、利益を成長投資のために再投資することを妨げる。同じく、慎重経営と弾力性保持の要因をなすところの、準備金の不分割性のせいで、信用への依存度は小さくなる。ＳＣＯＰ〔経営参加型協同組合〕の場合、協同組合員の福祉が中心をなすという事実によって、人員増よりも所得増が優先されることが多い。さらにいっそう根本的なことに、基本的な人間的欲求の満足を中心に据えるということは、資本主義の力学の核心をなす欲求の終わりなき更新の対極をなす。

これら諸要因が結びついて、社会的紐帯の安定という至上命令が特別に重視される。その際、技術的ダイナミクスの促進は伝統的企業の裁量に任される。こう推論してくると、連帯原理がやがて競争原理に取って替わることがあるなどと期待するのは虚しいことだ（付表13参照）。

社会経済レジームの持続性と正統性への貢献

以上のように、社会的連帯経済は自らの論理を押しつける力はないとはいえ、長い眼でみれば、二一世紀の社会経済レジームの構成要素となる可能性はある。

第一に、社会のなかでは多数の個人が、利潤よりも人間が優先される経済に向けて協働しながら、理想のため役立とうと考えている。例えば二〇二二年、大企業は現代資本主義を悩ませている諸問題を深刻化させていると考えて、大企業からの雇用オファーに見向きもしないグランドゼコール〔フランスのエリート大学〕の学生がいたが、これはその例だ。他の人たちはＥＳＳ

で職を見つけたが、彼らも当初はこの種の働き口を選んだのではなかったが、その長所がわかってそこに留まったりしている。

第二に、いくつかのケースでは、ＥＳＳの各種組織体が作られるのは、社会的連帯経済がもつ価値観にあらかじめ賛同するからというよりも、むしろ必要性から説明できる。実際、集団という対抗力がない場合の競争原理は、結果的に、営利目的の企業というセクターでは雇用されない労働者を排除してしまう。排除された労働者はこれに対抗して、社会的紐帯の優先性を守るような集団的組織体を結成する。国家セクターも民間セクターも新たな問題への対応が遅いのに対して、社会的に連帯した当事者たちは逆に、大いなる適応能力と――しばしば指摘されてきたように――社会的イノベーション能力を発揮する。

製造産業に典型的にみられる収穫逓増によって、生産と権力は集中化へと向かっていくのに対して、ＥＳＳの組織体は反対に、伝統的なミクロ経済理論が「外部性の内部化」〔経済活動の市場外的影響を市場内部で解決すること〕と呼ぶものを可能にする。事実、ＥＳＳは経済的戦略のエコロジー的・社会的な持続可能性に配慮する。非営利団体や協同組合は地域に根ざしているので、環境制約や社会的紐帯の保全を考慮するインセンティブを有する。加えてＥＳＳは、営利目的の企業のそれとは異なった形で、雇用と所得の独自な按配を行う。

ますます複雑化する社会にあって、連帯を表現しうる多様な法的地位を手に入れることは意義あることだ。こうした多様性は、各種の進化理論が示しているとおり、社会経済レジームの強靭性を保証してくれる。進化理論は、あらゆる企業がそこに向かって収斂するはずだという最適な組織形態を前提するのでなく、企業の異質性こそが経済の強靭性に寄与するのだと強調する。それゆえここでは、ＥＳＳは社会のまとまりを構築し回復させるからである[37]。ＥＳＳはしっかりとした場所を与えられる（付表14参照）。

代議制民主主義は危機に陥ったようにみえる。それほどに公的介入はテクノクラート的になり、また、それほどに政府は大多数の市民の期待を裏切っている。これと対照的に、ＳＣＯＰやＳＣＩＣ（集団利益協同組合会社）では、生産への民主主義の導入によって、労働が力を取り戻し、もはやたんなる政治空間でなく経済そのものにかかわる民主主義への信頼が回復される可能性がある[38]。こうして一方の極には、生産における権力関係を変えることなく、累進税制による再分配政策が存在し、他方の極には、社会的連帯経済の従事者たちが、経営意思決定への参加によって、もっと公正だとされる所得分配を目的として設定する。

最後に、社会的連帯経済は人間による人間の開発のプロジェクトに合流する可能性がある。実際、教育、保健医療、文化というものは、社会的連帯経済が発展しうる領域である。例えば人口高齢化を前にして、非営利目的のアソシアシオンは高齢者のケアを引き受ける点で好位置にあるのではなかろうか。資本主義的な諸組織は、利潤という至上命令のせいでＥＨＰＡＤ〔フランスの要介護高齢者入所施設〕[39]における入所者の福祉としばしば対立しているのであって、高齢者ケアに好都合なところに位置してはいない。というわけで、二一世紀に予想される人口論的予測を考慮すると、ＥＳＳには大いなる拡張の領野が開かれている。

ＥＳＳ従事者たちの多様化

社会史の示唆によれば、大危機によって連帯の重要性を見せつけられた世代と、社会的保護のこうした起源を次第に忘れ——およそ集団的組織を認めないまでに——個人主義化した他の世代とは、交互に出現するという。こうした単純化を受け入れるとしたら、規制緩和と個人間競争の三〇年は、二〇二〇年代の大いなる挑戦課題にぶつかったことになる。つまり、グローバリゼーションと金融化の勝者と敗者の間の社会的亀裂を小さくするという課題である。そこから、匿名的で他人行儀なメカニズムに対抗すべく、集団的行動が復活してきたことが説明される。表象のこうした逆転はまずもってＥＳＳに有利である。企業の社会的環境的責任（ＲＳＥ）〔事実上「企業の社会的責任＝ＣＳＲ」の意味〕を後押しする企業戦略への希望は、みごとなまでに裏切られた。だからこそ、連帯的なアソシアシオン運動の空間が開かれたのであり、そこでは当事者たち自身がＲＳＥのそれに近い目標を尊重するよう気を配っている。ＥＳＳが刷新されたＲＳＥプロジェクトを規制する機関となることさえ想像できよう。ＥＳＳはまた、企業の正常な形態としての共同決定――経済領域への民主主義の拡張[40]――を弁護する運動に期待することもできる。

もっと一般的にいえば、自分だけの利益で動くホモ・エコノミクスという狭いビジョンを乗りこえることが受け入れられるならば、政治経済学を創設した父祖たちが教えているのは、現代社会において仲間感情[41]は決して消滅しておらず、それはフランスでアソシアシオンの網の目が稠密に張りめぐらされていることからも証明される、ということである。それは別の各種連帯プロジェクトが開花する最初の培養土をなす。共生主義（コンビビアリズム）はといえば[42]、これはＥＳＳプロジェクトの当事者であり、ＩＬＯ〔国際労働機構〕は、品位ある労働（ディーセント・ワーク）に向けた闘いにおいてＥＳＳの助けを借りる戦略をとっている[43]。

プラットフォーム資本主義の擁護者が、（経済、金融、社会、エコロジー、政治など）何であれ、あらゆる問題に対して一個ない数個の純技術的解決策が存在すると考える――これは時に「解決主義」と呼ばれテクノロジー決定論の一種をなす――かぎり、プラットフォーム資本主義は万能なものとして現れる。これに対して社会的連帯経済は、特殊な人間的諸問題に対応する組織的イノベーションに富んでいる。一例だけ挙げると、保険にかんして共済組合は、営利セクターの諸企業よりも優れていることを証明したのではなかったか。

最後に、政府はこれらの各種従事者に鈍感なままではいられず、そのプログラムのうちで、選挙民でもある彼らに有利な政策的措置を提案しなければならない。アメリカでは政党への寄付金は無制限なので、選挙キャンペーンでは主に金銭が支配する。これとちがって社会民主主義諸国では、「一人一票」の原理が支配するよう配慮されている。ＥＳＳに開かれた展望は、それゆえ、政治レジームや憲法的秩序に大きく依存する。これらは国家・市場・市民社会の間の力の配分を規定するのである。つまり、よく設計され充実した社会保障制度のもとでは、社会的連帯経済の必要性は小さくなる。

結局のところ、もし商品・資本・所有権によるグローバリゼーションの局面が限界を示すとすれば、社会的連帯経済のネットワークが国際化することによって、オルタナティブへの道が開かれよう。実のところ、気候変動にかんする交渉は事実上、非政府組織の介在のうえでなされてきた。残念ながらその打撃力は、石油・ガスの巨大多国籍企業のそれにくらべたら、ごく小さいのであるが。

ＥＳＳの魅力にのしかかる諸要因

二一世紀の最初の何十年かに登場した多様な変化は、そのすべてが社会的連帯経済の発展にとって好都合なものだったわけではない。

第一に国家は、市民の社会運動のうちにでなく、超国籍的資本主義の経済権力のうちに取りこまれ、この傾向はアメリカで絶頂に達した。規制緩和と金融革新によって経済権力が解き放たれて集積していき、それはいわば政治への力に転換していった。こうした障害が乗り越えられるとしたら、それはひとえに政治的なものの方向における集団的行動によってである。

第二に、連帯原理の射程は限られているので、金融の構造的安定性の復活、地球に住めるための環境の保全、発展の不平等ゆえの移民流入の調整といった、主要な国際的課題の解決には不利な立場にある。ＮＧＯ〔非政府組織〕の役割が増しているにもかかわらず、これは国民国家間の交渉問題であり、諸国家間の利害が対立しているので、世界的規模でのゲームのルールの構築は進んでいない。さきに述べた希望に反して、ＲＳＥとＥＳＳの同盟は、ＥＳＳの前進に向かっていくどころか、逆に国民的連帯の維持を国家になすりつけるという、民間の戦略を正当化しかねない。

最後に、注目すべきことに、若い世代はエコロジー的課題への意識が大変に高く、そのぶん団結も進んでいる。しかしながら、生活状態・所得・資産をもっと平等化しようとする大規模な運動は、ほとんど形成されていない。気候変動にかんする政府間パネル（ＧＩＥＣ〔英語ではＩＰＣＣ〕）の最新の報告書が言うとおり、どの国や社会に所属するかに応じてエコロジカル・

フットプリント〔自然生態系に与えた負荷の足跡〕は極端に両極化しているのだが、これがそのまま続くときわめて危惧すべき破局へと至りついてしまう。[44] だから「月末」〔生活危機〕と「終末」〔生存危機〕の対立による通例の解釈[45]とは逆に、不平等削減と反気候変動闘争との同盟を予想すべきであろう。ＥＳＳを再び新しく躍進させうるのは、おそらく、社会的目標とエコロジー的目標との同盟なのであろう。

ＥＳＳの将来にのしかかる不確実性

社会的連帯経済の将来について描くことはできない。矛盾した諸力が作用しているからだ。ＥＳＳが理想的な展開をとげていくための三つの条件についてなら、明らかにすることはできる。それにしても、ほとんどの社会で見られる多くの抵抗要因を考慮することが必要だ。

歴史を長期でみると、三つの段階が相継ぐことが確認される。第一の時期にあっては、大危機の勃発によって市場も国家も調整の限界に達し、経済レジームの危険性や不正行為が表面化する。これが土壌となって、第二の時期には、経済における基本的権利の尊厳と尊重を推進しようとする社会闘争が引き起こされる。だが〔第三に〕連帯イニシアティブが並置されても、もしそれが政治権力による法的制度的承認に至らなければ、持続的な解決策にならない。既述

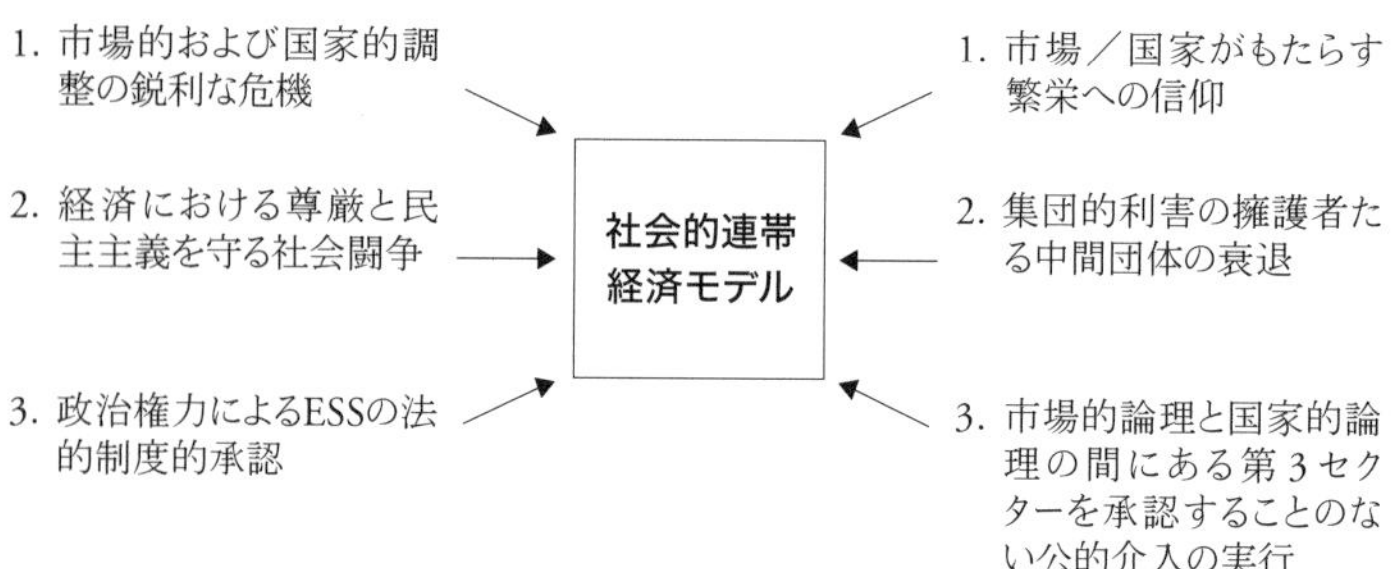

図 12　ESS の出現および後退の諸要因

のようにこれは、地域的セクター的なものから国民国家レベルへの移行と同じように、戦略目標と社会組織へのその具体化の間の移行の問題である（**図12**参照）。

危機にある社会経済レジームのなかでは、支配的勢力は一般に抵抗をする。その抵抗は、経済表象の慣性、媒介機関の侵食、最終審級での救済者としての国家の復帰、――この三つが結び合うのを当てにすることができる。こうして、ローマクラブが早くから予測していたにもかかわらず、終わりなき繁栄への信仰が完全に消滅することはなかった。ローマクラブは一九七二年以来、無限の成長というモデルと自然資源の有限性とが両立しないことについて、警告を発していた[46]。数十年にわたる新自由主義戦略は、労働組合の力を、もっと一般的には市民社会の力を削減し、ついには一部の人びとを説得して、現実の政策では代替案はないのだと納得させるまでになった。この無力感は地域のイニシアティブにとってあまり歓迎すべきことではない。

最後に、固有に政治的な提案は、自由市場の信奉者か国家「万能」の信奉者かにとどまって、両者の中間に場所を与えることをしない。それゆえ今日では、社会的連帯経済の多くは、危機が多発するがゆえに国家の方に目を向けている。例えば貧困や不安定就労と闘う非営利団体は、各種要求の殺到に直面して必要な手段の割当を受けるべく、自治体や国家そのものの方向を向いている。国家が社会的連帯の表現となるよう、世論も期待している。これは事実上、思いやりがあるように見える国家にＥＳＳのプロジェクトを委譲することになる。バランスはどちら側に傾いているのか。やがて歴史が教えてくれるであろう。

市場原理主義が行き過ぎたのち連帯原理の復活はあるのか

ＥＳＳの回復は望みうるのだろうか。長期的展望に立つならば、おそらくそれはありうる。振りかえってみると、規制緩和と国際開放の動きは、一九九〇年代以降たゆまず追求されてきた。二〇二〇年代初頭の今日、このようなレジームが持続するという信仰は全面的に再検討に付されている。だから、市場の自由化とそれに枠をはめる公的介入との間で揺れる振り子運動へと反転するということは、大いにありうる。これは、カール・ポランニーが一九四〇年代に定式化し(47)、今日なお繰り返し語られている要因である。つまり、土地・貨幣・労働を商品に転換しようと欲したがゆえに、社会は危機に陥った。そこから、経済的なものの社会的・政治的なものへの埋め戻しという展望が開かれる。社会的連帯経済はもちろん、このような分岐を構成する要素である。

結論

社会的連帯経済〔ＥＳＳ〕のゆたかで長い歴史は、金融危機、健康危機、そして将来の気候危機によって開かれた展望を分析するために動員されねばならない。このうち気候危機は、二〇〇〇年代以降、これまでとは別の時代に入ったことを示している。

経済の二項的ビジョンはＥＳＳに不都合である

その当初より社会的連帯経済を苦しめたのは、それが支配的社会関係によって構造化された二つの標準的構図との関係で定義されてしまうということであった。すなわち、資本主義に典型的な市場関係か、あるいは市民の国家に対する関係か、の二つである。社会的連帯経済は市場でもなく国家でもなく、両者の中間にあるものとして登場する。ところが、経済の組織や経済政策の方向にかんする論争では、二項対立が主役をなしている。市場が失敗すれば、国家が介入する。逆に国家が無能だとわかると、市場の論理が重きをなしてくる。ケインズ主義者が考えるように、停滞化傾向は需要の不足に由来するのか、あるいは反対に、急進的イノベーションの停滞は、シュンペーターの門弟たちの分析を正当化しているのか。およそ論争は、「あれかこれか」型の代替策に両極化せねばならぬかのようになされている。

こうした第三項排除の原理は、長らく社会的連帯経済に不利な影響を与えてきた。実際、社会的連帯経済が導入するのは、経済学の基礎たる経済効率性とはまったく別の判定基準である。これと対称的に、社会的連帯経済は政治空間における権力——政治分析や法学の対象——を扱わない。明らかにESSは、資本主義的関係よりも競争力があると主張するものでもないし、国家内で別個の権力組織を提起しようと主張するものでもない。事実、その目的は、生産・消費・投資・信用といった諸活動のなかに、平等主義的な互酬性と連帯の関係に立脚した各種組織を構築する点にある。

結果的にESSは、自らに固有の判定基準に照らしてでなく、一方で市場の論理と他方で政治権力の論理が意味するものとの関係によって、評価されがちである。こうした考え方は批判され放棄されねばならない。それはESSの理解や将来展望にとって障害をなすからである。

制度経済学は市民社会を含む三項的構図の原理を提起する

組織や制度は社会経済レジームの持続性に向けて協力しあっている諸過程の一翼を担っているが、その組織や制度の多様性ということが、制度経済学のルネサンスによって広く知られるようになった。社会的連帯経済は市民社会の発露としてそこに加わっている。市場と国家の二項的対立は三項的構図に席をゆずり、それによって、これら三つのコーディネーション類型間の相乗効果が作用することになる。

とはいっても、よくあることだが、とりわけ大危機に際して残り二つ〔市場と国家〕が限界を示すとき、ESSは他のメカニズムへの補完物として登場する。市場の信奉者は迷うことなく見えざる手のイメージを参照基準とするが、それは大いに誘惑的だが正当化するのはむずかしい。公的介入の支持者は、主権こそが互いに闘争しあう諸個人からなる社会を平定する能力を有するのだと強調する。ESSの従事者たちは、握手のイメージ、つまりモデルをめぐる諸利害・諸イデオロギー間の妥協――例えば団体交渉――のイメージを引き合いに出す。レギュラシオン学派による分析によれば、団体交渉はフォーディズム的発展様式の確立において決定的な役割を演じた。[48] フランスのコンバンシオン学派の用語を用いれば、[49] ESSは、一見異質的なロジックではあれ、それぞれに市民的なシテ〔共通の秩序空間〕（そこでは市民権と平等の原理が支配している）と市場的なシテ（そこでは交換と商業的価値が支配している）とを和解させようとするハイブリッドな組織に立脚している。この組織は、アナリストとりわけ経済学者の眼には、かなり脆弱なものとして映る。だからＥＳＳは、出現しつつある諸問題への解決策としてはめったに考慮されない。

社会的連帯経済の強みは、互酬性の原理にもとづく連帯に立脚し、経済活動に民主主義的原理を導入することを擁護する点にある。このことはまた社会的連帯経済の限界の一つでもある。というのもその行動能力は、閉鎖的とは言わないまでも、限定された共同体のレベルで作用するからである。実際、歴史的経験が示すところによれば、国家は、自らが権力を行使する領土的基礎のうえで連帯を拡大し、実行する能力を有している。このときＥＳＳの諸組織は、この目的を支えるためのいわば委託先として現れる。ＥＳＳは、公共サービスの提供や累進税制によってなされる再分配機能総体に取って代わるのには適していない。

市場関係や資本／労働関係について言えば、これらは国土をはるかに越え、こうして私的企業――と同時に協同組合・非営利団体・共済組合――を競争関係におくようになる。こうしたメカニズムはＥＳＳの経済的生命力を危険にさらす。金融的パフォーマンスはＥＳＳの中心的関心事でないだけに、それだけいっそう、その危険は大きい。

ＥＳＳの原罪

社会的連帯経済はある原罪に苦しんでいる。つまり社会的連帯経済という革新的事態は、市場／国家という組合せのもつ構造的弱点への反応として生まれた。ここにいう構造的弱点は、商業資本主義が躍進してから次々と起こった社会経済レジームの危機によって、明らかである。

それ自身にまかされると、市場は不平等と排除を生み出すようになり、それによって社会的平和が危地に陥る。こうした危険に直面して、市場の犠牲者たちは結集し、共済組合および／あるいは協同組合のなかで地域的基盤をもつ連帯を組織した。国家の側は規制や一般的ノルムを推進し、それによって個人的・地方的・部門的な状況の多様性が浮かび上がってきた。状況が垂直的構造（ヴェルティカリテ）にあるということは、こうした複雑性に対する適応が必要だということであり、ＥＳＳによって促進された相互作用の水平的構造（オリゾンタリテ）のおかげで独自な解決策を構想できるというのは、まさにＥＳＳの切り札の一つなのである。それはいわば、衰退した社会経済レジームの**松葉杖**なのである。

こう見てこそ、その目的、それが機能する部門、法的形態の多様性にかんして、ＥＳＳがもつ変幻自在な性格が説明できる。消費者協同組合、生産協同組合、雇用による統合協会、保険共済組合ないし医療共済組合、参加型連帯金融、さらにまた医療セクターや社会活動内の基金〔財団〕といった多様性と変幻性である。だからこそ、時の流れと出現する問題に応じて、ＥＳＳはプラグマティックに不断に進化してゆく。

特質を強調することになるかもしれないが、ＥＳＳは無数の革新や実践を層状に積み重ねることから生まれるのであって、普遍主義的に妥当する一般原理――その目的は前例なき一個の社会経済レジームを構築することにあるという――の展開から生まれるのではない。ＥＳＳは、エピステーメ、つまり出現しつつある問題への理論の投影からでなく、テクネー、つまり実践による工夫から生まれるのである。社会的連帯経済のすべてはこのように説明される。

連帯にもとづく社会経済レジームの構築にとっての障害

例えばＥＳＳを、過去のであれ現在のであれ、各種の社会経済レジームに埋め込むことは、結局のところ、連帯という至上命令のうえに立てられた代替的なレジームの構築にとって障害をなす。

さまざまな指標がこの仮説に有利な証拠となっている。第一に、いくつかの装置を生み出すことになった危機が解消されていくと、これら諸装置は削減され、あるいは少なくとも発展が止められるというのは、気がかりなことである。地域通貨の場合がそれであり、それはアルゼンチンのように、金融システム崩壊への回答とはなりうるが、しかし長期的に自律的な政治プロジェクトの出発点にはなりえない。ヨーロッパでは、これは各種の地域通貨のケースにも当てはまるが、現在までのところ、地域通貨は、中央銀行が発行する貨幣とくらべて地方組織の自律性を保証するものではない。

第二に、ＥＳＳの相異なる諸形態――生産協同組合、消費協同組合、連帯的貨幣・金融、さらに共済組合――は、自発的には相乗効果を発揮しない。これら各々はいまあるレジームの弱点を穴埋めしているからである。ほとんどの場合、これらの組織は相互に補完関係にはない。補完関係があれば、強靭性の保証となりえ、ＥＳＳが特殊な社会経済レジームのもとで形成されうるようになる本来的拡張能力の保証となりうるのかもしれない。

これに加えて、ＥＳＳが隆盛を保つためには、それは規制や税制の面で自分たちに有利な経済政策を必要としている。ところが一般に、ＥＳＳの従事者たちは経済的権力、メディア的権力、最後に政治的権力の縁辺にいる。こうして何十年にもわたる規制緩和によって、ＥＳＳの従事者たちは激しい競争に従うことになった。いくつかの事業体が閉鎖的な性格をもつことによって、こうした競争は、何らかの租税免除さらには奉仕活動の重要性をゆがめてはいないか。ヨーロッパの規制当局にとって、これは除去すべきねじれであろう。

国際的な模倣主義は、社会的連帯経済の若干の幹部を脅かすもう一つの危険である。グローバル化された市場金融のロジックのもとで勝負したがゆえに、協同組合銀行は危うく倒産しかかったのではないか。裏返していえば、強力かつ強靭な社会的連帯経済が制度化されうるためには、ある重要な条件が見えてくる。社会的諸勢力の連合が、連帯的発展様式をもたらすような妥協を課す能力をもつという条件である。これはかつて農村世界を基盤として、ラテンアメリカで時おり見かけられたことだが、現代の産業化された経済ではめったに見られない。

自主管理プロジェクトの期待外れの運命

社会諸関係を転換する試みとしての自主管理プロジェクトの運命を再訪してみれば、おそらく事態は明らかになるだろう。各種各様の経験が相継いだが、そのほとんどは短命に終わり、将来世代に対して希望のメッセージを遺しはしなかった。

根本的にいって、それらの経験は二つの障害に突き当たった。経済レジームに悪影響を及ぼすことになった経験としては、市場関係の拡大やそれが意味する競争が次第に、共同体という理想を浸食していった。共同体という理想は、利潤の論理で動いている企業に有利な生産の集中を阻止することはできなかった。協同組合セクターは、時に農業という例外はあるものの、典型的に資本主義的な大洋のうちに溺(おぼ)れてしまった。これは資本主義がもつ見事なまでの活力と適応能力についての新しい例である。資本主義は、そのあらゆる欠陥にもかかわらず、各種レジームのなかで欠点がいちばん少ないということを証明したのではなかったか。

悲しいかな、自主管理ということを持ちだしても、これに匹敵する成功は当てにできない。というのも、ほかならぬ政治的意思決定が、自主管理の経験を——それが固有に経済的な弱点をさらけ出す前においてさえも——妨げることが多いからである。このことはレギュラシオン理論の中心的成果を再発見することでもある。つまり、画期的な経済的制度や組織はめったに自己組織化過程から生まれはしないのである。それらは国家に結晶した権力の配分の表現なのである。国家は結局は、ある整合的な発展様式の出現を保証するだけのものではない。こうした観察から、進歩的政党の見事な健忘症や、ＥＳＳが現代的論争の中心にはいないという事実もまた説明できる。

社会の不安定化に対する城壁としてのＥＳＳ

根本的にいって社会的連帯経済は、市場メカニズムが解き放たれて数十年たった後の時点において、社会の不安定化に対する城壁をなしている。事実、カール・ポランニーが証明した二重の運動（まず労働・土地・貨幣の商品への転化、次いで純粋市場社会がつくるユートピアの放棄）が示すところでは、過去には、社会が自らのコントロールを回復させるのは、国家が課す制約によって市場を社会に埋め戻すことによってであった。

二〇二〇年代がそのような逆転によって刻印されるだろうということは、大いにありうる。以前には政府は、ＥＳＳは社会的排除を抑制するに十分な弥縫策だという程度の希望をもっていた。しかしながら、二〇〇八年危機の深刻さから判明したことは、信用や金融へのコントロールを回復し、自国自身の通貨で借金をする能力をもつことによって、国家の全権能が動員されねばならないということであった。さらにまた、新型コロナ感染症の勃発によって、「各自は自分のために」という考え方が袋小路に陥り、相異なる利害関係者の戦略を国家がコーディネートする必要が明らかになった。このようにして国家は、最終審級での社会的紐帯の保護者となり、システミック・リスクの予防者となった。

要するに、緊急時には、政府はそのイデオロギー的方向性のいかんにかかわらず、最低限の連帯の保証人になったのである。たとえ社会的地位に応じて大きな不平等が存在しているとしても、なおそうなのである。こうしてＥＳＳは、限定的ながら、好都合な役割を演じつづけている。というのもＥＳＳは、国民的連帯の実践において第二次的な部隊として現れるからである。

これと対照的に、世界国家——あるいは少なくとも強力な制度や国際的協力——は存在しないので、各国のエゴイズムが優勢となる。それが行きつくと、相互依存や国民国家の自律性喪失にブレーキをかけるために、「脱グローバリゼーション」という合言葉が再登場することになる。それがありうるとしたら、あるいは、自由主義者が希望するように、グローバリゼーションが再流行する前の幕間としてか、あるいは、市場原理主義に反対して闘ったすべての人びとの眼に歓迎されるような別の道への分岐としてか、であろう。どちらの場合にも、社会的連帯経済には果たすべき役割があることだろう。

世界的課題に応えるため出来る範囲で貢献すること

別の議論がこの仮説を補強してくれる。技術的ならびに社会的なイノベーションは、歴史上の決定的な時期に社会を脅かしている重大問題を解決するような研究から生まれる。今日の問題は数多くある。激化する不平等を背景とした社会の両極化は、脆弱な国際金融システムが広めた経済危機の反復を伴って進む。慢性病やパンデミックに対する医療体制の準備不足は、気候変動や生物多様性破壊に対する闘いの遅れとともにいよいよ明白となっている。いちばん心配なのはおそらく、国内的および国際的なレベルでの政治的媒介が機能停止していることであり、民主主義の効力への疑念が増大していることである。最後に、各国の国民的軌道は分岐しており、それが原因となって移民の流れが拡大しているが、そういった分岐効果のもと、国際関係が解体する危険がある。これら諸課題の大部分に対して、社会的連帯経済は貢献していく余地があるが、しかし問題が地方(ローカル)の範囲を越える場合には、社会的連帯経済は第二級の解決策しか提供できない。

社会的連帯経済は長い過去をもっている。それゆえ社会的連帯経済は、経済における民主主義的原理の守護者としての、社会的紐帯(つながり)を守るための主導的かつ革新的な場としての、そして政治的革新への希望としての、そういうものとしての将来を担っているのである。

〈解説〉「自治と連帯のエコノミー」とは何か

山田鋭夫

自治と連帯のエコノミー

1　はじめに訳書タイトルから話を始めよう。原書の主タイトル *L'économie sociale et solidaire* をふつうに訳せば「社会的連帯経済」となる。「社会的連帯」の語は最近の日本でも、協同組合論などを中心にして少しずつ浸透してきたし、本書本文中でもそのように訳しているが、一般にはまだなじみが薄い感がある。また「経済」の語のほうは逆に、あまりに日常的すぎて何も心に引っかかってこない。この語も改めて原意に立ち戻って捉え直すべきでないか。そんな思いから、訳書タイトルとしてはこれらの語を避けた。

「社会的連帯」のうちに著者がこめた意味は、わかりやすくいえば、助け合い、支え合い、分かち合いのことであり、いま少し固くいえば、共助、互助、互恵、互酬である。いずれも人間的なつながりや絆のある経済社会活動や、相互に信頼や感謝のある暮らしが含意されている。しかも現代における共助や連帯は、各個人の自主性や各集団の自治なき一方的依存や官僚的下賜でなく、一般的には、国家権力や市場権力から独立した自治的な自主性のうえに立った個人・集団による助け合いであり連帯であるべきであろう。連帯は自治とセットをなすと理解されてよい。本書が主題化する「連帯」「共助」が語られる場合、訳書本文では「自治」の語はほとんど出てこないが、著者にあっては自治は当然のこととして前提されているものとして読むべきであろう。

このことは、すでに日本においても優れた知性において自覚されていたところである。主に明治・大正期に活躍した医学者・政治家にして思想家たる後藤新平(一八五七—一九二九年)には、「自治三訣 処世の心得」(一九二五年)という晩年の著作がある。彼はそのなかで「自治の精神」「自治生活」の重要性を説いているのだが、そのなかで「自治の三訣」をまことに平易なことばで、こう語っている。「人のお世話にならぬよう、人のお世話をするよう、そして酬(むく)いを求めぬよう[1]」、と。最初の「人のお世話にならぬよう」とは、安易な他者依頼心を捨てて、各自が自主、自立、自助に努めること。次の「人のお世話をするよう」は自己中心主義に陥ることなく、共助、連帯、社会奉仕に積極的に貢献すること。そして第三訣の「酬いを求めぬよう」は、現代風に解釈すれば、自らの行為に金銭的対価や世俗的評判を求めることなく、愛と信頼と奉仕の心をもって事に当たることを意味していよう。つまり後藤のいう「自治」は、狭く「自分で自分を治める」ことに尽きるのでなく、共助や連帯を必須の要件としていたのである。その意味で「自治」と「連帯」はコインの裏表の関係にあるものとして把握すべきなのである。

他方「経済(エコノミー)」については、ギリシャ時代のオイコノミア（家政術）にまで遡らなくても、ここではカール・ポランニーに依拠してみるのがよい[2]。彼によれば、エコノミー／エコノミックの語はもともと人間の「暮らし」(livelihood)を意味し、したがって私見では、「生」(life, living)と深くかかわっている。その暮らしや生は、人間が自然および仲間と結ぶ相互依存関係に支えられている。つまり富の生産・分配・交換・消費と、あるいは人間－自然の社会的物質代謝と切り離せない。それがエコノミーの世界である。加えてエコノミーには「有機的統一」という意味もあることを考え合わせると、それは暮らしをめぐる有機的秩序を意味していた。「経済」という日本語の語源とされる「経世済民」（世を経(おさ)め民を済(すく)う）も、文脈こそちがえ、このエコノミー概念とそれほど遠くない語である。

ところが一九世紀末以降、つまり資本主義の発展と新古典派経済学の興隆とともに、エコノミーは「節約」(economizing)という意味で使われはじめた、とポランニーはいう。つまり市場的な貨幣計算（広くはＧＤＰ）が主要関心となり、経済とは、個々の経済主体における最小コスト（手段）による最大リターン（目的）の獲得、つまり利潤・効用の効率的追求のことだとされる。エコノミーの語から「人間的つながり」や「人間－自然関係」の視点が消えて、利己的人間による利益最大化が中軸的問題関心となり、そのような思考が体系化されてミクロ経済学となる。エコノミーは人間－社会－自然関係の学から、目的－手段関係の学へと形式化されてしまった。

「経済」と平凡にいわれている事柄を以上のように「エコノミー」に遡って問い直してみると、暮らしや人間関係をゆたかにするものとしてのエコノミーか、それとも貨幣的効率計算としてのエコノミーか、という緊張関係が見えてくる。社会的連帯ないし自治＝連帯は、暮らしや人間関係を問うなかでこそ課題となってくる。その意味で本書は、当然ながら前者のエコノミー概念の立場にたつ。訳書タイトルを「自治と連帯のエコノミー」とするゆえんである。

右に述べたことから、社会的連帯経済をごくごく平たく言いなおせば、「助け合いのある暮らし」ということになろう。でも、これだけでは、著者が「社会的連帯経済」にこめた内実は伝わらない。そこでまずは、この「社会的連帯経済」の語をもう少し捌（さば）いておこう。

私たちが暮らしている資本主義社会を構成する経済活動部門（セクター）としては、第一に「市場」（その主役は営利企業）、第二に「国家」（地方自治体を含む）が存在することは周知のところだが、これに加えて第三に「市民社会（あるいは共同体）」（さしあたり民間の非営利組織からなるものとしてのそれ）も欠かすことはできない。つまり現代経済を、単純に市場－国家の二分法で理解するのではなく、市場－国家－市民社会が鼎立する三分法で捉えることが、有効な視角として一般化してきた。社会的連帯経済ないし自治と連帯のエコノミーは、そのうち第三の市民社会領域に属するものであり、資本主義社会を構成する第三のセクターをなす。ただしこのとき第三セクターとは、日本でいう半官半民企業（例えば第三セクター方式の鉄道会社といったような）のことでなく、民間非営利組織によって成り立つ経済圏という意味である。

とはいっても、この第三セクター自身は第一、第二セクター以外のものすべてを含みかねないので、これだけではまだ社会的連帯経済を裏側から消極的に指定したにすぎない。しかもその第三セクター自身がきわめて雑多な経済活動を含んでいるので、この経済部門の構成や特徴をいま少しく立ち入って規定しておくことが必要となる。

2　そこで第一に、「社会的連帯経済」（économie sociale et solidaire 略してＥＳＳ）という概念についての反省から始めたい。この語が使用されるようになったのは比較的最近のことであって、それまでは欧米を中心として「社会的経済」（économie sociale）と「連帯経済」（économie solidaire）の両語が別々の文脈で使われていた。「社会的経済」の実践と論議には、英仏を中心にして一九世紀以来の長い歴史がある（付表4参照）。それは、資本主義が勤労者に及ぼす弊害や社会問題の発生（失業、疾病、貧困、生活不安）に対して、労働者らが相互に協力しあってこれに対応しようとの意図から生まれた自治組織の世界である。協同組合や共済組合に代表される共助と協力の世界であり、また「社会問題の経済学」が対象とする世界である。(3)これに対して「連帯経済」は、主として二〇世紀末以降のグローバリゼーションの進展とともに顕著になってきた経済社会問題（失業、貧富格差、社会的排除、環境破壊など）に対して、大小の自治的な非営利団体が中心となって人びとの共助（互酬）をつくりあげ、もって市場権力・国家権力への対抗と対処を目指しており、その先に経済社会のあるべきあり方を模索している。これは特に、南米諸国など新自由主義による打撃の大きかった諸国で活発化した。(4)そして、ごく近年の傾向としては、グローバル金融資本主義の支配のもと福祉国家が脆弱化した結果、これら両経済のもつ意義にあらためて熱い視線が向けられるとともに、社会的経済と連帯経済は相互に接近する傾向を示すようになった。(5)その両者を総括的に含意するものとして、「社会的連帯経済＝ＥＳＳ」という新しい概念が注目をあびることになったわけである。

第二に、社会的連帯経済を構成する各種組織について立ち入ってみよう。さしあたりＥＳＳを構成する各種組織を法的形態別に確認しておく。本書で著者ボワイエ自身も指摘しているとおり、ＥＳＳを構成する主要な法的形態としては、「協同組合」「共済組合」「非営利団体」「財団」の四つを挙げることができる。日本の例でいえば、「協同組合」としては農協、漁協、生協などが、「共済組合」としては年金、貯蓄、失業、火災、事故、疾病、等々、さまざまなリスクに備える保険組合などが想起されよう。「アソシアシオン」とは一般に、市民が自由意思にもとづき特定の目的の実現のために設立した自治＝連帯組織のことだが、本書ではその非営利性に着目してあえて「非営利団体」と訳すことが多い[6]。その非営利団体には、学校法人、宗教法人、社会福祉法人、医療法人などに加えて、実に多様な規模と活動内容からなる特定非営利活動法人（いわゆるＮＰＯ法人）が存在する。これらは法人格をもつ団体であるが、そのほかに町内会、子供会、各種クラブ、ボランティア組織など、法人格をもたない無数といってよい諸集団も非営利団体に属する。最後に「財団」であるが、これは多くの場合、一般社団・財団法人法にもとづいて設立されており、保険医療、教育・芸術などの面での活動がよく知られている。いずれも自治的な互助組織であるが、「協同組合」「共済組合」が人びとの労働や生活の防衛に端を発することが多いとしたら、「非営利団体」は人びとの能力向上や絆づくりに資する対人サービスや、環境保護にかかわるものが多い。

第三に、ＥＳＳの目的、原則、運営指針について言えば、これは当然ながら資本主義的な株式会社とは大いに異なる。本書第2章でも触れられているが、目的は利潤追求でなくコミュニティに奉仕する非営利活動にあり、資本よりも人間を優先する点にある。立場的には公的部門でなく民間ないし在野という地位を守り、社会的に有用な活動に従事する（主な活動領域は、雇用・生活防衛のほか、教育・研究、保健・医療、社会福祉、文化・レクリエーション）。組織の資産は成員間で分割所有しない。そして何よりも、成員の自由意思にもとづく結社であって、入退会の自由が尊重されている。公的権力からの政治的独立を守り、議決にかんしては「一株一票」でなく「一人一票」の民主主義を貫く。そしてESSは市場セクターにも国家セクターにも属しはしないが、かといってそれは、市場活動をしないということでは全然ないし、政府部門からの補助金ないし委託金を受け取らないということでもない。要するにESSは、いわゆるホモ・エコノミクス的経済活動に対抗して、社会的有用性・人間重視・民主的運営という、高い倫理性と自治性を経済活動のなかに導入する試みでもある。ESSを構成する各種組織の運営原則は、著者はあまり言及していないが、成員による自治にあることを、再度、注意しておきたい。ただし、当初の理念が空洞化している組織も現実には存在する。

第四に、そのESSは、一国経済のなかでどの程度の比重を占めているのであろうか。第三セクターとしてのESSは、第一セクター（市場）と第二セクター（国家）以外のすべてを包括する雑多な経済領域なので、その全貌を把握することは理論的にも統計的にもきわめて困難である。加えて、何をもって第三セクターに算入するかは各国ごと研究者ごとまちまちである（例えば協同組合をこれに算入するか否か、各種医療機関をどう分類するかの問題）。GDP統計では把握しきれない経済活動も、ESSには多数ある。という次第でESSの正確な経済的相貌の把握は不可能に近い。そこでここでは、あくまでも例示でしかないが、一例としての数字を示すにとどめたい。やや古い数字だが二〇世紀末の日本の場合、非営利セクターの労働者数（有給雇用・ボランティア）は労働力人口の四・二%だという試算もある。[7] 一般に西北欧で比率は高く、中低所得国で低く、日本は世界のなかで中位の位置にある。世界を一まとめにしていえば、ESSは対GDP比で五―一〇%程度であろう。本書の著者も「ESSのシェアは一〇%を超えることはめったにない」という（本書一一六頁）。ただしこの部門の比重は一般に増加傾向にあり、前世紀末での数字だが、EUの非営利部門の雇用シェアについて「一割経済」だとの希望的観測もある。[8] ESSは規模的には小さいが高い倫理性を具えた部門だといえる。

互酬・再分配・交換と経済社会の存立構造

3 本書の著者ロベール・ボワイエは、フランス・レギュラシオン学派を長年牽引してきた斯界の泰斗である。レギュラシオン理論は、戦後のフォーディズム的高成長がスタグフレーションへと暗転した一九七〇年代の経済的混乱のなか、この危機と変容を経済社会の根本にまで降り立って解明すべく、フランス官庁エコノミストらが中心となって形成された。資本主義は矛盾にみちた経済システムであるが、それでもそれは一定期間成長し安定し、やがて危機に陥り、再び回復して成長をとげる。それはなぜなのか。こうした根源的な問いをもちつつ、資本主義の成長と危機について、また資本主義の可変性と強靭性について、それを構成する諸種の制度とその階層性(ヒエラルキー)に注目しつつ、「資本主義の調整(レギュラシオン)と危機」を分析しようとする経済学である。そして、その制度が内部変化を起こしつつ、これに政治的要因も作用して、やがて制度間の階層性が逆転していく点に、調整様式の変化を、さらには資本主義の変化を解くカギを見出してきた。例えば賃労働関係の制度が優位を占めたフォーディズムから、金融・国際関係的制度が階層的上位に躍り出た新自由主義的レジームへの転換、といったように。

本書のボワイエはそれをさらに一歩進めて、「コーディネーション・メカニズム」（調整装置）という概念を駆使して、社会経済レジームのあり方を、そして社会的連帯経済の位置と意味を解いていこうとする。コーディネーション・メカニズムとは、本書の図1（本書一三三頁）に見るとおり、社会経済を動かし調整している諸原理のことであり、その諸原理としては、行動の動機（利益か義務か）および権力の分配（水平的か垂直的か）を基準にして、「市場」「企業」「共同体／市民社会」「国家」の四大原理が類別される（図1ではこのほかに中間的形態として「アソシアシオン」と「ネットワーク」が付加されている）。本書では、このうち「企業」（営利企業）は市場の主役をなすものとして、「市場」のうちに包摂されて扱われ、また「アソシアシオン」は「市民社会」のうちに含めて扱われているので、結局、コーディネーション・メカニズムとしては「市場」「国家」「市民社会」の三者にしぼったうえで、その総体からなるものとして経済社会の存立構造が示されていることになる。

こうして一定時点の経済社会は、「市場」「国家」「市民社会」という三つの空間的領域からなるコーディネーションの体系として把握される。この三つはコーディネーション・メカニズムを異にする三つの経済領域すなわち経済セクターをなす。この三者はたんに並存しているのでなく、密接に関係しあっている。しかも重要な点だが、それらは対抗性を含む補完性の関係にある。そして、その補完関係（したがって相乗効果）の良否によって社会経済パフォーマンスやシステムの持続可能性が左右される。矛盾にみちた社会経済レジームがそれでも存続しうるか否かは、この補完性いかんにかかっている[9]。

さらにいえば、一つの社会経済レジームがどれか一個のコーディネーション・メカニズムのみで成り立つということはありえない。どのレジームも三原理を具えているのだが、そのうちどれが優勢（階層的上位）をなすかは各国各時代ごとに多様である（本書の図3〜図5参照）。資本主義社会は一般に「市場」セクターが優位を占めるシステムだと言われるが、それでもなおそこには、他の両セクターの比重や牽制作用のいかんに応じて、各国ごとに大いなる異質性を示す。それは同時に、資本主義の可変性や多様性への関心を促すことになる。

そして、以下が肝心な点であるが、当面の社会的連帯経済（ＥＳＳ）は「市民社会」セクターのなかで育つのであり、主としてその領域における経済活動を意味する。市民社会こそ「社会的連帯経済が育ってくる土壌」なのであり、そこでは競争や権力よりも「協力と平等が重んぜられる」のだと、とボワイエは言う（本書二二一頁）。ＥＳＳの母胎をなす市民社会的コーディネーション原理を、さしあたりこのように理解しておこう。

4　このように経済社会を見る眼を、通俗的な市場－国家の二元論を超えて、ましてや標準的経済学による市場一元論を超えて、市場－国家－市民社会の三元論へと広げ、三項の補完性と相乗性という視角に立つとき、そのときはじめて経済社会の存立構造のなかでの社会的連帯経済の位置と意義が見えてくる。資本主義的な社会経済レジームは富の蓄積（経済）、権力の追求（政治）、社会的紐帯（つながり）の維持（社会）の接合によって成り立っているのであり、このレジームの存続のためにはどれ一つ欠かせない。そのなかで社会的連帯のエコノミーは何よりも「社会的紐帯の維持」ないし「連帯（ソリダリテ）」という役割を担い、そういうものとしての位置と意義を有しているのである。苦境に陥ったときに、あるいは苦境に陥らないように、人びとの絆を守り弱者を助け、あるいは弱者が助け合う役割である。さらに言えば、ESSの目的は、「生産・消費・投資・信用といった諸活動のなかに、平等主義的な互酬性と連帯の関係に立脚した各種組織を構築する点にある」（本書一四〇頁）。

これを敷衍するためにカール・ポランニーの慧眼を借りるならば、彼は「人間の経済における主要な統合形態は、互酬、再分配、および交換である」と喝破した。「互酬（レシプロシテ）〔互恵〕」は対称的（対等）な相互依存関係を基礎とし、「再分配」は中心的存在（国家）への資源の集中（徴税）とそこからの分配（公的サービス）を意味し、「交換」とは市場を通しての諸個人間の財の相互的移動のことである。[10] 要するに、市場・国家・市民社会（共同体）を統合している形態は、それぞれ交換・再分配・互酬にある。[11] 市場－国家－市民社会の三元的視座とは、経済社会を交換－再分配－互酬の補完関係において捉えることなのである。それぞれに厳密な対応関係がつねにあるわけでなく、複雑に入り組んでいる場合があるとしても、大まかにはそう言える。ポランニーの「統合形態」なる語を「コーディネーション・メカニズム」と読みかえれば、市民社会のそれは「互酬」「互恵」「互助」にあるということであり、それは利益や権力の追求とちがって「社会的紐帯の維持」を、つまり人びとをつなぐ連帯の絆を確かなものにするという使命をもつことを意味する。

ここに互酬ないし互酬性とは、決して遠い過去や「文明」以前的な世界での話ではない。文化人類学由来のことばだということもあって、この語はしばしばアルカイックな氏族・部族間での「贈与」と「対抗贈与」（返礼）といったイメージで捉えられがちである。しかし互酬や贈与はそれだけでなく、現代生活においても立派に根づいている。例えば私たちの日常生活において、「善意」と「感謝」の互恵性――それが物的媒介をともなうか否かに関係なく――という形で、あるいは「社会的良心にもとづく行動」とそれへの「意図せざる讃辞」

として、目にするものも、その例である。「お互い様の関係」[12]だとも言えよう。そこでは「交換」とちがって、損得勘定ぬきの物や心のやり取り（交歓）がなされており、それが現代生活の、いや、およそ人間生活の、不可欠かつ基層的な一環をなしていることは容易に理解されよう。

ただし、互酬原理（市民社会原理）だけでは社会は存立しえない。それは交換原理（市場原理）のみでは、また再分配原理（国家原理）のみでは、やはり社会は存立しえないのと同じである。個々の原理はそれ単独では不完全なのである。繰り返すが、経済社会の存立構造は市場－国家－市民社会、あるいは交換－再分配－互酬の補完・牽制関係からなるのであり、それらがあってはじめて安定するのである。本書も、「コーディネーション・メカニズムはそれを個別にみれば不完全であるが、しかし各種コーディネーション・メカニズムが補完しあうからこそ、結果的に持続性のある制度的構図がもたらされる」という（本書二四頁）。

同じことを、同じレギュラシオン学派のアラン・リピエッツは、三原理の共存と牽制作用に焦点を当てて言う。個々の原理はそれ単独では欠陥を有しているとしても、「これら三つの原則〔交換・再分配・互酬〕と三つのセクター〔市場・公共・サードセクター〕が共存しているからこそ……それぞれの原理の逸脱が抑制され、相殺されるのである」、と。[13]協同組合論にくわしい富沢賢治も、三原理のベストミックスを生み出すことこそESSの目標だとして、「社会的連帯経済が経済システム全体として目指すところは、互恵原理を基礎とする社会的連帯経済が、自由原理を基礎とする市場経済と再分配原理を基礎とする公共経済と相まって、三者（社会的連帯経済と市場経済と公共経済）がベストミックスを創出するところにある」、と語る。[14]

社会的連帯経済に焦点を当てて敷衍すれば、経済社会なるものは互酬性（市民社会）ぬきには成立も安定もしないのであり、共助による「社会的紐帯の維持」ぬきには市場も国家も機能しないのである。社会を根底で支えているのは、この善意と感謝の交歓、あるいは互恵的・互酬的な贈与関係なのだ、といってもよかろう。その意味で、社会的連帯経済は社会の不安定化に対する防壁をなしており、経済社会の基層をなしているのである。

5

さきにポランニーを引いたので、ここで人類学の成果をも借りながら、古来、個人や集団がいざという場合に「身を守る」ための主要な方法＝発想の歴史的変遷について、補足しておこう。

いくつかの「未開」の氏族・部族にあっては、各種の儀礼や祝宴の場で、ホストは自らの財産を参加者に惜しげなく贈与する。それは主として自らの威信を高め優越的地位を確保するためであるが（いわば武器なき戦争）、ある解釈によれば、そしてある地方にあっては、それだけでなく、他者への親近感や連帯の表明をも意味する。[15] こうして人間関係を円滑にしておくことは、いざというときに自らの「身を守る」のである。

すなわち彼（彼ら）が凶作や災害で食糧不足など生存の危機に立たされた場合、彼（彼ら）は他者（他の氏族・部族）に助けを求めざるをえない。その代わり立場が逆になったら、躊躇なく他者を援助する（互酬、共助）。その援助（贈与）が少しでも首尾よくなされるためには、彼（彼ら）は日ごろから「もし他人（他の氏族・部族）が同じような危機に陥ったら、すぐにでもお助けしますよ」という、自らの「気前よさ」を示しておかねばならない。その気前よさを示す儀礼的祝祭的行為がポトラッチであり、それが極端化すると、相手の前で自らの富を惜しげなく破壊するまでになる。気前よさのサインを送っておくことは、そうした互助を円滑化するわけである。

ところが、近代において「交換」経済が浸透し資本主義が発達するとともに、「身を守る」手段は、他者の助けを借りることでなく、ひたすら自らの富（金融資産、不動産など）を蓄積することへと変化する（自助）。ここでは「気前よさ」は身を滅ぼすのであって、金銭欲と節約と蓄財が身を守る。市場経済では他人との信頼は消え、まして他人の好意を受けることなど期待できないので、ひたすら財産を貯めこむことによって不測の事態に備える。実際にそうした富の蓄積が可能か否かにかかわりなく、この蓄財精神は近代人のエートスとなる。

だがしかし、そうした「自助」ができる個人は、いうまでもなく社会のなかのごく少数者でしかなく、圧倒的多数の中下流の人びとにはそれができない。このとき豊かならざる多数者が考案したのが、一九世紀に端を発する協同組合や共済組合といった相互扶助組織である（共助）。これらの組織のなかにはたんに相互扶助にとどまらず、非営利・人間優先・地域貢献といった高邁な理念を堅持するものも少なくなかったが、基本は互助・共助・連帯の民間組織であった。それは二〇世紀になって、とりわけその後半になってさらに発展し、ついにはそれらの扶助や保険や保障をめぐる互助制度に対して国家財政的な補助が与えられたり、あるいはそれらは国家による再分配制度へと組み込まれたりした。こうして福祉国家が形成された（公助）。そしてそれは不備を残しながらも一定の成果をあげた。

ところがしかし、その福祉国家は今日、市場原理主義のもとで揺らいでいるのみでなく、「新しい社会的リスク」に直面して機能不全が顕著になってきた。そこで、福祉国家はアソシアシオンなどの力を借りて、公助を新しい「共助」によって補完することによってしか、市民各自に「身を守る」すべを提供できなくなった。いや、そればかりか、相互扶助の公共的精神を欠いた官僚的形式主義の「福祉国家」は、当初からうまく機能しなかった面もある。現代が共助＝互酬＝連帯を必要としているゆえんである。そのなかで新自由主義は残酷にも社会的弱者にひたすら「自助」を求めた。

6　さて、あらためて社会的連帯経済に戻っていえば、これを「社会的紐帯の維持」役として位置づけると、それは結局、資本主義の「松葉杖」（本書四八、九五、一四三頁）でしかないのか、との疑問も浮かんでくる。つまり暴走する資本主義にあって、市場からも国家からも見捨てられた社会的弱者を相互扶助によって救済し、さらには彼らが暴動や反乱を起こさないように当該社会のなかに繋ぎとめて、資本主義の安泰に奉仕するのが、ＥＳＳの意義なのか、という疑問である。

たしかに歴史的に見るとき、一九世紀における資本主義の発展とともに、土地や生産手段を失い貧窮と生活不安に陥った多くの労働者が溢れかえるなかで、彼らの生活防衛のための互助組織として、最初の協同組合や共済組合が自主的に結成された。第二次大戦後の先進諸国では、そういった貧困や不安に対処するため、これを積極的に国家的事業のうちへと取りこんで福祉国家が発達した。ところが、一九七〇年代以降のグローバリズムと金融資本支配のなかで、一方で福祉国家が弱体化し、他方で格差拡大、低賃金不安定就業、社会的排除、社会的孤立などの新しいリスクが深刻化してきた。とりわけ資本主義下での市場関係の拡大深化は、人間関係を希薄化し、大量の孤立老人や孤立母子家庭を生み出すことになった。形式主義と官僚主導の福祉国家はもはやこれに十分に対処しえず――新自由主義的な営利市場（民営化）にこれを丸投げするのでなければ――これらの問題へのきめ細かい対応をＮＰＯなどに頼ることになり、業務委託をすることになった（本書四八頁）。「市場の失敗」が協同組合や共済組合を生み出したとすれば、「市場の暴走」と「政府の失敗」が非営利団体（アソシアシオン）を活性化させた、と言えなくもない。

したがってＥＳＳは、当面の資本主義のマイナス面を取り繕い、これを支える「松葉杖」だというのも、一面の真実ではある（ただしその松葉杖は、社会的弱者にとって糊口をしのぐ生活の杖をなす）。しかし同時に、ＥＳＳは先述のように、営利主義的な資本主義とはちがって、いやむしろこれと対抗して、資本よりも人間を重視し、地域社会に奉仕し、社会的に有用な財・サービスの提供に徹し、民主主義的な組織運営を重視するものであった。その意味では「松葉杖」を超えて、経済（資本主義）を社会に埋め戻すための先導役をなし、経済社会の新しく将来性のある原理を萌芽的に宿しているのである（後述）。本書原題に「二一世紀の現実主義的ユートピアか」と副題が付されているゆえんでもあろう。

それを確認したうえで、最後に、やはり社会的連帯経済がもつ限界ないし限定性についても無知であってはならない。ＥＳＳは基本的に地域に根ざす経済活動であって、そのことの重要性を認めたうえで、やはり地域を越えたマクロ経済やグローバル経済へと広がっていく力に欠けている。問題に対応して組織や方針を組み直すという即応的な適応力にはすぐれており、その意味で社会的イノベーション能力（組織や制度を革新していく能力）は高いが、膨大な研究開発費を要する技術的イノベーションでは営利大企業にはるかに及ばない。したがって、いわゆる生産効率面では市場セクターに劣る。経済力の面でも市場や国家の後塵を拝している。経済社会の健全な存続にとっていかに不可欠なセクターであろうとも、資本主義総体のなかでみると、量的にはＥＳＳはやはり周縁的存在なのである。賃金など労働条件面でも一般に厳しい。

経済力の弱小性ゆえにＥＳＳは、時に市場経済における営利企業との競争において敗北し、また、公的セクターからの補助金に依存せざるをえず、それが恒常化し、さらには拡大していく。加えて多くの町内会・自治会などは、シニア世代を中心にして地域の安全や絆づくりのために創発的な活動をしているものもあれば、他方、自発的アソシアシオンというよりも、市区行政の下請機関と化している所もある。協同組合などにおいても、本来の理念を離れて一種の圧力団体化しているケースもないわけではない。それがESSの政治的独立性、人間優先、民主主義的運営という高い倫理性や自治能力を侵食しないことを願うのみである。

人間形成型発展と市民社会

7　この文章の冒頭部で、「市民社会」(société civile)を指して「さしあたり民間の非営利組織からなるもの」と補足した(本書一五五頁)。著者ボワイエ自身によるこの語の用法を踏襲したからである。それは同時に、近年の「新しい市民社会論」にいう市民社会の概念にも通底している。その議論の代表者ともいえるユルゲン・ハーバーマスによれば、新しく概念化された市民社会(彼はこれをZivilgesellschaftとよぶ)は、「自由な意思にもとづく非国家的・非経済的な結合関係」を核心とするものであり、具体的には教会、文化的なサークル、学術団体、スポーツ団体、レクリエーション団体、弁論クラブ、市民フォーラム、市民運動、同業組合、政党、労働組合などが例示される。(16) 協同組合や共済組合への言及が弱い点で、本書にいう「市民社会」よりも包括範囲が狭いように見受けられるが、いずれにしてもハーバーマスは、各種の中間団体とそれが構成する公共圏を、市場・国家と区別して市民社会と概念化した。ボワイエの「市民社会」はその延長上にある。

しかし「市民社会」の語には伝統的にこれとちがった意味があり、それは第一に、古代ギリシャ以来の「政治共同体（ポリス）」(koinonia politikè) であり、第二に、ヘーゲル＝マルクス由来の「経済社会」(bürgerliche Gesellschaft) である。[17] 戦中・戦後の日本に大きな影響を与えた「市民社会論」はヘーゲル＝マルクス的な含意のそれだったが、いまはその詳細に立ち入ることなく、ハーバーマス＝ボワイエ的市民社会とヘーゲル＝マルクス的市民社会の視角的相違を一点のみ確認しておきたい。

つまり前者は、国民経済中の中間団体ないしセクターというメゾ経済的な側面を対象とした概念であるのに対して、後者はいわばマクロ的な国民経済を念頭に置きつつそのシステム（体系）のあり方を問題としている。ヘーゲルが市民社会を指して「欲求の体系」とよび、また「全面的依存性の体系」と名づけたゆえんである。[18] おなじ市民社会概念におけるこの多義性ないし混乱を避けるために、梶谷懐が前者を「市民社会（団体）」[19] と表現したひそみにならっていえば、後者は「市民社会（体系）」と表記することができよう。あるいは「メゾ市民社会」と「マクロ市民社会」と対比表現することもできる。

なぜ、こんなややこしい前置きをするかというと、社会的連帯経済（とりわけアソシアシオン）は、多くの場合、現代経済にとって最も必要な「人間による人間の生産」すなわち「人間形成的」（anthropogénétique）な活動に深くかかわる「市民社会（団体）」活動を担っているが[20]、それは同時に、戦後日本で育まれてきた「市民社会（体系）」論の核心的主張と相互に切りむすぶことによって、ウェルビーイング（ゆたかな生）の発展という、あるべき経済社会のマクロ的な方向性にいっそうゆたかな内実を与える契機になるのではないか、という予感があるからである[21]。以下、順をおって議論していこう。

8　すでに述べたように、近年のグローバリズムと新自由主義は金融資本やプラットフォーム資本の世界的支配を招き、貧富格差を異常に拡大しただけでなく、「新しい社会的リスク」と呼ばれる社会問題を前景に押し出すことになった。もちろん、「古く」からのリスクが十分な形で克服されたわけではないので、それは依然として課題でありつづけている。しかし今日、男性稼ぎ手モデルの家族形態が崩壊し、女性労働者が著増しており、グローバリゼーションやデジタル社会化のもと、労働編成や必要な技能が激変し、また少子高齢化や年金財政の逼迫化が深刻化し、それに追い打ちをかけるように、何よりも新自由主義的な市場万能政策が強行されてきた。そしてそのもとで、従来にはなかった「新しい」リスクが顕在化してきた。

すなわち、雇用の非正規化と不安定就業、賃金・昇進における男女格差や差別、単身世帯（非婚、独居老人）や母子家庭（離別、死別）の著増、社会的孤立・社会的排除・社会的分断の深刻化、高齢化による介護負担、環境問題、等々、数えあげたらきりがない。とりわけ資本主義による市場経済化ひとつをとってみても、それはたんに市場の拡延と地域社会の崩壊をもたらしただけでなく、市場そのものの性質をいよいよ非人格的かつ無機的なものへと転換させ、それによって老人などの社会的弱者の孤立に輪をかけることになった。[22] そしてこれらに対して、従来型の福祉国家はほとんど十分な対応ができていない。従来型福祉国家はともすると形式主義や官僚主義に陥っていて機械的な対応しかできず、加えて、もっぱら貧窮者への現金給付、公的保険制度、福祉・教育施設の建設（それすらも現実には追いついていないが）などで事態を対処しようとしてきた。要するに旧来型福祉国家は、解決すべき新しい課題のために必要な新しい組織形態や社会関係資本の構築に対応できていないのであり、それはとりわけ「人的サービス」の提供面で顕著である。

このように官僚的形式主義の国家は、教育・医療・福祉・文化など、「人間形成」「人間開発」にかかわる対人サービスにおいて、これを「共助」「互助」「互恵」「信頼」という最も重要な精神と指針において遂行し、人びとがいだくニーズへのきめ細かく丁寧な対応ができていない。そこに各種アソシアシオンの出番があり、出番以上にそれへの根源的要請が高まる必然性がある。逆にアソシアシオンの活動を媒介にして、国家（公助）のあり方も公正かつ柔軟なものへと自己変革していかなければならない。

ピーター・ドラッカー（一九〇九―二〇〇五年）は、早くからNPOをはじめとするサードセクターの成長に注目していたが、このセクターの目的は、「人間を変える」ことだと断言している。[23]「モノによるモノの生産」から「ヒトによるヒトの生産」へ。このように対人サービスあるいはケアワークが、しかも人間形成的な対人サービス（代表的には、教育・医療・福祉・文化）が重要になってきたということは、「富」や「ゆたかさ」の概念が転換しつつあることを意味する。エコノミー（経済）の観念も、GDP成長（そのための利己的な金儲け）から、ゆたかな人間関係にめぐまれた暮らし、という本来的観念へと転換されねばならない。例えば、医療によって健康になったという成果はそれ自身が富（ゆたかさ）であり、またそれを喜ぶ家族・友人・医療関係者との絆の深まりも貴重な富であるが、それらはこれまでのGDPやその成長といった指標では測れないし、測りようもない。家族・地域のなかで、また地域を越えてさまざまな形で形成されうるゆたかな人間関係は、いまや、人びとがいだく「ゆたかさ」の重要な柱となっている。医療だけでなく、教育・福祉・文化活動もゆたかな能力や人間関係を育てることと不可分であるが、その人間的成果もGDPでは測れない。

このようにGDP中心の富概念に代わって、人間関係や生活の質に焦点を当てた富の考え方が重きをなしてきたのが、今日である。現代はそのようなエコノミーを求めている。あたかもそれを裏づけるかのように、こうした観点からの経済社会パフォーマンスを表す新しい指標が開発されている（国連の「人間開発指数」、OECDの「ベターライフ・インデックス」など）。一言でいって、財（goods/bien）から、ゆたかな生（well-being/bien-être）への富概念の転換である。「対人サービス」という活動は、たしかにそのすべてがそうだというわけではないが、このように人間形成やウェルビーイング（ゆたかな生）に深くかかわっている。[24] そしてアソシアシオン（NPO）は、あるいは市民社会（団体）は、この現代資本主義のなかで、そのような人間形成・人間関係形成を推進していく先導役の位置にある。大まかにいって、非営利セクターがかかわる事業の約八割は保健医療、教育、社会福祉、文化の諸活動——つまり人間形成的サービス——が占めている。かつてマルクスは「自由の王国」を展望して、そこでは「自己目的として行われる人間の力の発展」がはじまると述べた（『資本論』）。マルクスをどう評価するかにかかわらず、「人間の力の発展」つまり「人間形成」そのものが「自己目的」となる社会に向けて、社会的連帯経済部門はパイロット役を果たすべく期待されている。

9 社会的連帯経済という問題領域の確認は、「日本における市民社会の確立という課題と密接に関連している」と富沢賢治はいう。[25]「市民社会（団体）」は「市民社会（体系）」と密接に関係しているということであり、メゾ市民社会はマクロ市民社会と強い影響関係にあるということであろう。またエームとラヴィルは「連帯経済」を定義して、それは「民主主義的な行動という意思のもとにある経済活動の総体であり、そこでは社会的連帯関係が個人的利益や物的利潤にまさる」としているが、そういった連帯経済は、「市民参加を基礎にして、経済の民主化に貢献する」のだという。[26] これを北島健一は、彼らにあっては、連帯経済はあくまでも他の二原理と並ぶ一個の経済調節のあり方だと確認したうえで、つまり連帯経済のメゾ経済的性格を確認したうえで、「経済的な次元では、諸原理の結合が互酬性を主導的な原理として実現されることが明示されている」と読む。[27] つまり私の用語になおせば、マクロ市民社会（諸原理の結合）がメゾ市民社会（互酬性）によって主導される可能性が示唆されている。「互酬性の推進力[28]」への期待とでも言おうか。

グローバル金融資本主義の支配のもとで、その道はそう簡単ではない。本書も、連帯や互酬の原理は、それ単独ではレジーム転換の力にはなりえないという（本書一一六、一二三頁）。それでも、互酬・連帯・社会的つながり・非営利を旨とするメゾ市民社会セクターが強固なものになっていけば、それは他のセクターにも影響を及ぼさずにはおかないであろう。互酬や贈与の論理を資本主義のなかに浸透させていく必要がある。[29] つまり、利己心にもとづく営利の世界たる市場セクターに、「信頼」「共感」「平等」「互恵」の価値観を少しでも行きわたらせ、[30] 権力や形式主義に立脚する公的セクターにおいては「人権」「生存権」「人間的平等」にもとづく政策を、その実質的意味において遂行させていくことである。ほのかな可能性でしかないかもしれないが、しかし長期的潜勢的には、人類は明らかにその道を拓いてきた。そのひとすじの希望を見つめつつ、本書のボワイエは、年来の「人間形成型発展様式」の語に加えて、「人間的発展様式」（mode de développement humain）（図3）とか、「ESS主導型発展様式」（mode de développement impulsé par l'ESS）（図7）とかいった語をもらしている。

そして、それこそ実は、ヘーゲル＝マルクス的な市民社会概念から出発して、戦後日本の市民社会論が強調した価値観であり社会規範であった。[31] とりわけ内田義彦（一九一三―八九年）にあっては、ヘーゲル＝マルクス的なものから出発しつつも、最終的に、特殊歴史的な「ブルジョワ社会」という市民社会理解から抜け出し、「さまざまな体制をくぐりぬけながら実現していく市民社会というかたちのもの」という、歴史貫通的にして、かつ歴史のなかで漸次成長・実現してゆくものとして、市民社会は把握されるようになる。[32] そのとき「成長・実現してゆくもの」とは、「人間一人ひとりが生きているということそれ自体のもつ絶対的重み」が尊重される社会であった。換言すれば、人間的平等や人権がその実質において第一義的なものとなる社会である。[33]

ここに互酬・連帯・自治のメゾ市民社会論と人間的平等・共感・人権のマクロ市民社会論とが切りむすぶ結節点がある。メゾ市民社会はマクロ市民社会という画竜に点睛をほどこし、これに確固たる基礎を与える。マクロ市民社会は、市場および国家セクターに加えて、このメゾ市民社会セクターを積極的に包括することによって、これら三領域の補完的総体として再出発する可能性が開かれる。そのときマクロ市民社会は、右にいう「ESS主導型発展様式」「人間形成型発展様式」と重なってくる。ここに自治と連帯のエコノミーは、市民性と互酬性によって織りなされる社会への転換に向けた政治的プロジェクトとして登場する。[34]

同じことをリピエッツの言葉を借りていえば、旧共同体的束縛から自らを解放した近代の「自由な個人は、『自由な諸個人たちによる互酬性』を作り直さなければならない」のであり、市民たちには、かつての共同体に代わる「自由なアソシアシオンにもとづく社会的なつながりを自律的に築く」ことが求められているのである。[35] 自由な市民的諸個人と彼らの自治にもとづくアソシアシオン、——そしてそれによる互酬性の再建！ 自治と連帯のエコノミーはその可能性を開くことによって、広義の市民社会を拡延深化させていく礎石をなす。

注

（1）後藤新平「自治三訣 処世の心得」、後藤新平没八十周年記念事業出版委員会編『自治〈シリーズ後藤新平とは何か——自治・公共・共生・平和〉』藤原書店、二〇〇九年、一九五頁。
（2）Karl Polanyi, *The Livelihood of Man*, ed. by Harry W. Pearson, New York: Academic Press, 1977.（玉野井芳郎・栗本慎一郎訳『人間の経済——市場の虚構性』I、岩波書店、一九八〇年、第2章）
（3）ジャック・ドゥフルニ「第3主要セクターの起源、形態および役割」一六頁、以下に所収。Jacques Defourny et Campos Monzon éds., *Économie sociale: Entre économie capitaliste et économie publique*, Bruxelles: De Boeck-Wesmael, 1992.（富沢賢治ほか訳『社会的経済——近未来の社会経済システム』日本経済評論社、一九九五年）
（4）Jean-Louis Laville éd., *L'économie solidaire: Une perspective internationale*, Paris: Hachette Littérature, 2007.（北島健一ほか訳『連帯経済——その国際的射程』生活書院、二〇一二年）。西川潤・生活経済政策研究所編『連帯経済——グローバリゼーションへの対策』明石書店、二〇〇七年。
（5）藤井敦史編『地域で社会のつながりをつくり直す社会的連帯経済』彩流社、二〇二二年、四二頁。

(6)「アソシアシオン」は複雑広範な意味内容をもつだけでなく、その意味内容も歴史的変遷をとげている言葉である。詳しくは今村仁司『交易する人間――贈与と交換の人間学』講談社選書メチエ、二〇〇〇年、を参照されたいが、以下、ごく一部のみを引用する。『アソシアシオン』は内容から言えば『相互扶助』であり、他人を仲間として処遇し、とくに困った人々を援助することを意味する。そしてそうした行為をする制度的な『組織』をも意味するようになる。これはこの言葉の一般的な意味であるが、十九世紀になると、アソシアシオンは種々の生産ないし消費のための組合の意味をもつようになる。組合とは相互扶助のための組織であり、古くからの『ソシアル』の意味を保存している」(二一一頁)。ここに見るだけでも「アソシアシオン」は「相互扶助」という一般的意味と、「相互扶助組織」(各種の組合など)という制度的意味をあわせもつことがわかる。また一八世紀には、アソシアシオンは「諸個人が共通の目的を実現するために財や力を結合する形で自由意思に基づき社会を『生産する』行為そのものを指し、派生的にそのようにして『生産された』タイプの社会を指す」との指摘がある(田畑稔「『アソシエーション革命』について」田畑稔ほか編『アソシエーション革命へ――理論・構想・実践』社会評論社、二〇〇三年、所収、二四頁)。

(7) Lester M. Salamon et al., *Global Civil Society: Dimension of the Nonprofit Sector*, vol. 2, Published in association with the Johns Hopkins Comparative Nonprofit Sector Project, Boulder and London: Kumarian Press, 2014, p. 19. なお、ここでの「非営利セクター」はジョンズ・ホプキンス大学非営利セクター比較プロジェクトによる定義にもとづく。

(8) 西川潤「社会的ヨーロッパの建設と『社会的経済』理論」『生活協同組合研究』第二二〇号、

一九九四年五月、六六頁。

（9）宇仁宏幸「現代資本主義におけるアソシエーション的調整」（田畑稔ほか編、前掲書（注6）所収）は、現代資本主義を市場的調整、国家的調整、アソシエーション的調整の補完的総体としてとらえ、それらによるマクロ経済的効果およびアソシエーション的調整の意義を分析している。

（10）Polanyi, *op. cit.* Ch. 3.（前掲訳書（注2）第3章）

（11）互酬・再分配・交換という概念を「交換様式」の諸形態として捉えなおし、これをもって世界史を再構成したのが柄谷行人『世界史の構造』岩波書店、二〇一〇年、および同『力と交換様式』岩波書店、二〇二二年、である。この交換様式史観はマルクスを基底に置きながらも、それを（A）モース『贈与論』、（B）ホッブズ『リヴァイアサン』、（C）マルクス『資本論』によって肉づけし、さらにはイマニュエル・ウォーラーステインの「世界システム」論と重ね合わせつつ、世界史は、（A）互酬（ミニシステム）、（B）略取と再分配（国家、世界＝帝国）、（C）商品交換（資本、世界＝経済）、と続いて現在に至り、その先に（D）高次元での互酬の回復＝世界共和国が展望されている。ここに交換様式は、たんに物的な関係に終わるのでなく、「霊」「怪獣」「物神」とも表現される「観念的な力」を生み出すものとして、高次元での互酬の回復への展望に生かされる。いま柄谷の議論にこれ以上立ち入ることはできないが、彼はこのように互酬・再分配・交換を歴史認識へと応用した。これに対して本書では、同じ互酬・再分配・交換が、今日の資本主義空間のなかで作用している相異なるコーディネーション・メカニズムとして措定されており、それらの補完・牽制関係をいかに調整するかを問題としているのである。

（12）北島健一「連帯経済と社会的経済――アプローチ上の差異に焦点をあてて」『政策科学』第二三巻三号、二〇一六年三月、二九頁。
（13）Alain Lipietz, *Pour le tiers secteur, l'économie sociale et solidaire: Pourquoi et comment*, Paris: La Documentation française/La Découverte, 2001, p. 64.（井上泰夫訳『サードセクター――「新しい公共」と「新しい経済」』藤原書店、二〇一一年、一一三頁）
（14）富沢賢治「社会的連帯経済とはなにか――協同組合運動の新理念」『生協総研レポート』第九八号、二〇二三年三月、一八頁。
（15）Marcel Mauss, *Essai sur le don*, dans: *L'Année Sociologue*, nouvelle série, I, 1923-1924.（吉田禎吾・江川純一訳『贈与論』ちくま学芸文庫、二〇〇九年）。岩野卓司『贈与論――資本主義を突き抜けるための哲学』青土社、二〇一九年、二五〇頁。
（16）Jürgen Habermas, *Strukturwandel der Öffenlichkeit: Untersuchung zu einer Kategorie der bürgerlichen Gesellschaft*, Frankfurt am Main: Suhrkamp Verlag, 1990, S. 46.（細谷貞雄・山田正行訳『公共性の構造転換』第二版、未來社、一九九四年、xxxviii 頁）
（17）植村邦彦『市民社会とは何か』平凡社新書、二〇一〇年。
（18）Georg Wilhelm Friedrich Hegel, *Grundlinien der Philosophie des Rechts*, 1821.（藤野渉・赤澤正敏訳『法の哲学〈世界の名著35 ヘーゲル〉』中央公論社、一九六七年、所収、四一四、四二一頁）
（19）梶谷懐・高口康太『幸福な監視国家・中国』ＮＨＫ出版新書、二〇一九年、一四五頁。
（20）「社会的連帯経済は人間による人間の開発のプロジェクトに合流する可能性がある。実際、教育、保健医療、文化というものは、社会的連帯経済が発展しうる領域である」（本書一三〇頁）。
（21）山田鋭夫『ウェルビーイングの経済』藤原書店、二〇二二年、第4章。

(22) 例えば商店にしても、ネット通販という無対面「商店」は別にしても、コンビニでの「イラッシャイマセ、コンニチハ」という機械的対面と、地元商店街での「やぁやぁ、どうもどうも……」という人間的対面のちがいを想起されたい。旧共同体的な人格的依存関係という重圧からの解放を求めて生み出したはずの近代的市場関係は、販売効率性を追求し相互扶助の精神を放棄した結果、いまや売買にともなう人間的関係は一切消去され、それによって人びとをして無縁化・孤立化という新しい重圧へと追いやっている。そしてこれは商店に限った話ではない。

(23) Peter E. Drucker, *The New Realities*, New York: Harper Business, 1989, p. 198.(上田敦生訳『新しい現実——政治、経済、ビジネス、社会、世界観はどう変わるか〈ドラッカー選書10〉』新訳、ダイヤモンド社、二〇〇四年、二二六頁)

(24) 山田鋭夫、前掲書(注21)、参照。

(25) 富沢賢治「『社会的経済』解題」、ドゥフルニ・モンソン編『社会的経済』前掲(注3)、四七三頁。「市民社会の確立」という課題を換言して富沢は、「伝統的な共同体の解体現象が進展するなかで、自由な個人同士の結合を基礎とする新しい共同体をどのようにつくっていくかという課題」だともいう(同)。

(26) Bernard Eme et Jean-Louis Laville, 'Economie solidaire (2)', in J.-L. Laville et A. Catlani éds., *Dictionnaire de l'autre économie*, Paris: Gallimard, 2008, p. 303.

(27) 北島健一、前掲論文(注12)、二八頁。

(28) ラヴィル「連帯と経済——問題の概略」、同編『連帯経済』前掲(注4)、八二頁。

(29) 岩野卓司『贈与をめぐる冒険——新しい社会をつくるには』ヘウレーカ、二〇二三年、一一四頁、参照。

(30) 例えばサミュエル・ボウルズは、市場経済の発展とともに法の支配、職業移動の自由、社会保険といった市民的制度が充実してくると、また、取引対象たる商品の質が事前契約によって完全には規定されえないケース(労働力、信用、各種専門的サービスなど)が増えてくると(つまり不完備契約が増加してくると)、市場は参加者をして自らを相手に「信頼」させることが成功への道だということを悟らせるという。「信頼」がホモ・エコノミクスを救うのである。そして、そうなるための前提条件は「堅固な市民文化」の存在であるが、それは市場外の「市民社会」領域からの影響のみならず、また「国家」領域における法制度の整備のみならず、ほかならぬ「市場」そのものがもつ「市民化の過程」にも由来するという。ここには資本主義市場でさえ、その内側から「互恵」化する可能性が示唆されている。Samuel Bowles, *The Moral Economy: Why Good Incentives Are No Substitute for Good Citizens*, New Haven & London, Yale University Press, 2016.(植村博恭・磯谷明徳・遠山弘徳訳『モラル・エコノミー――インセンティブか善き市民か』NTT出版、二〇一七年)

(31) 山田鋭夫『内田義彦の学問』藤原書店、二〇二〇年、第I部第3章、参照。

(32) 内田義彦『日本資本主義の思想像』岩波書店、一九六七年、一〇〇頁。

(33) 内田義彦『作品としての社会科学』岩波書店、一九八一年。

(34) [Entretien] Robert Boyer: « L'ESS est un projet politique de transformation des sociétés », *Arternatives Economiques*, Le 12/04/2023. https://www.alternatives-economiques.fr/robert-boyer-less-un-projet-politique

(35) Lipietz, *op. cit.*, p. 63.(前掲訳書(注13))一一二頁。

訳者あとがき

この本は、Robert Boyer, *L'économie sociale et solidaire: Une utopie réaliste pour le XXIe siècle ?*, Paris: Les petits matins, 2023 の全訳である。

原題を直訳すれば「社会的連帯経済――二一世紀のための現実主義的ユートピアか」となるが、「解説」の冒頭で述べた理由から、邦訳タイトルは「自治と連帯のエコノミー」とした。また訳書では副題は省略した。

なお、原書は二〇二三年九月、ＥＳＳ書籍賞（専門研究部門）を受賞している。これは、フランスで毎年、各企業の経済社会顧問から選出された委員の組織（Le Toit Citoyens）が授与している賞である。また本書への長い書評としては、Benoît Lévesque, 'Robert Boyer, *L'économie sociale et solidaire: Une utopie réaliste pour le XXIe siècle ?*,' *Revue de la régulation*, n° 34, Spring 2023 がある。

訳文中、〔　〕は訳注ないし訳者補足、傍点を付した語は原文が強調のイタリックの場合である。より正確な理解に資すべく、訳語には必要に応じてルビを振った。章タイトルは簡潔化した。また、原書では第6章のタイトルに誤記があったが、訳書では正しておいた。

なお、関連文献の調査・収集にかんしては、今回に限ったことではないが、今回は格別に、名古屋大学経済学図書室のスタッフのみなさんにお世話になった。有能かつ親切なご対応に衷心からの御礼を述べたい。

本書出版にあたっては、いつもながらのことではあるが、藤原書店の藤原良雄社長のご高配を得た。編集・製作にかんしては同社の山﨑優子さん、藤原洋亮さんのご丁寧な仕事に助けられた。記して感謝申し上げる。

二〇二三年一二月

山田鋭夫

付表13　プラットフォーム資本主義の時代にあってESSが支配的になると主張できない理由

原　　理	利　　点	限　　界
1人1票	経済的民主主義	事業体規模の制約
利潤追求の制限	付加価値分配のための余地	資金調達能力の制約
準備金の分割不可能性	財務管理における慎重さ	信用利用における制約
協同組合員に有利な経営	雇用の相対的安定化	定員増加への障害
基本的欲求の充足	社会的排除に反対する闘いへの貢献	社会的イノベーションよりも技術的イノベーションに弱い

付表14　ESSの長所と短所の分析

長　　所	短　　所
社会的紐帯の維持	典型的な資本主義企業による競争下に置かれる
セクター／地域の文脈に適応する能力	2つの論理（市場か国家）のどちらかに従属
一定の外部性の内部化	収穫逓増の力学が作用しない
法的形態の多様性（協同組合，非営利団体，共済組合，財団）	左のような各種形態間の相乗効果は少ない
経済民主主義の原理がはたらく	政治と経済のハイブリッド形態は必ずしも安定的でない
社会的・組織的イノベーションが優勢となる	技術的イノベーションには財務的限界がある
教育・職業訓練・健康・エコロジーにおける人間的発展を媒介する	経済・社会における限定された部分でしか活動できない

付表12　ESSにおける産業セクター別有給雇用の対前年変化

産業セクター（NAF Insee）	T1 2019-2020（%）	T2 2019-2020（%）	純俸給額 T1 2020	純俸給額 T2 2020
農林水産（AZ）	+6.30	+4.70	49	35
製造業，電力・水道，衛生・ゴミ処理（CZ + DZ + EZ）	+1.20	–0.30	183	–40
建設（FZ）	+2.20	+1.30	285	171
商業：自動車・オートバイ修理（GZ）	+2.00	+0.90	581	272
運輸・倉庫（HZ）	+1.20	–4.30	54	–206
宿泊・飲食（IZ）	–6.40	–15.00	–1 684	–4 211
情報・通信（JZ）	–1.30	–6.50	–118	–598
金融・保険（KZ）	–0.50	–1.30	–759	–2 081
不動産（LZ）	+14.60	+14.00	367	357
専門家・科学者・技術者（MZ）	+2.30	+0.90	988	371
行政サービス・支援活動（NZ）	–2.80	–6.00	–1 959	–4 331
教育（PZ）	–1.60	–4.10	–4 158	–8 797
保健医療（QA）	+1.70	+1.70	3 182	3 139
医療福祉入所施設（QB1）	+1.30	+1.00	5 173	4 122
非入所型福祉（QB2）	–0.50	–1.70	–3 037	–9 596
芸術・ショー・レクリエーション（RZ1）	–11.70	–19.00	–5 293	–8 768
スポーツ・レジャー（RZ2）	–3.00	–11.80	–3 181	–12 354
自発的参加にもとづくその他の組織（9499Z）	–1.50	–5.00	–2 812	–9 409
その他のサービス活動（9499Z 以外）	–4.30	–4.00	–625	–679
総　計	**–0.60**	**–2.50**	**–12 734**	**–52 551**

出典：Observatoire national de l'ESS, d'après Acoss-Urssaf, 2019-2020.
民間有給雇用総数（農業を除く）は一般的な規則にもとづく

付表10　各種現代理論とESSとの親近性

理　論	ESSへの貢献	問題点
市民社会論	市民社会の建設としてのESS	否定面からの定義：非市場・非国家
コモンズ論	自然資源管理のための集団的組織の形成過程	公共財が非排他的であり，稀少の経済でなく豊富の経済の場合，どう考えるか
労働社会学	本質的に一種の生産・雇用関係	ESSにおける雇用：独自な身分なのか典型的労働契約のたんなる変種なのか
企業法	ESS承認における重要な一歩	例えば税制にかんして標準化への傾向
シェア・エコノミー	賃労働関係とははっきり区別される	ESSの規模は限定的なので経済全体の機能作用を変えることはできない
ネットワーク理論	組織体の各メンバー間の互酬性関係が緊密なこと	機能作用の分析よりも描写が有用
企業内二院制の拡張	協同組合は，資本提供者の利害よりも賃労働者層の利害が支配する極端な形態である	社会経済レジームとしての自主管理に立ち返る必要あり

付表11　ESSにおける法的カテゴリー別有給雇用の対前年変化（2019-2020）

有給雇用	増加率		純俸給額	
	T1 2020（%）	T2 2020（%）	T1 2020	T2 2020
非営利団体	–1.10	–3.20	–18 236	–54 695
協同組合	+0.70	–0.20	1 043	–312
共済組合	–0.20	–1.20	–251	–1 423
財団	+4.60	+3.80	4 729	3 904
ESS	–0.60	–2.50	–12 715	–52 526
ESS以外の民間	–0.60	–2.70	–98 295	–452 910

出典：Observatoire national de l'ESS, d'après Acoss-Urssaf, 2010-2019.
民間有給雇用総数（農業を除く）は一般的な規則にもとづく

付表9　世界経済からの要請を前にした3つの論理の比較

論理／特性	国　家	市　場	社会的連帯経済
収穫逓増を発揮する能力	例外を除き小さい（教育，研究，公衆衛生）	分業と収穫逓増の媒介者	小規模事業体の並存ゆえに一般に小さい
イノベーションへのインセンティブ	例外的状況において可能（戦争，危機，パンデミック）	イノベーション・レントと結びついた利潤の追求に促迫されて，大きい	主として社会的・組織的イノベーション（法体制，労働編成）
競争圧力への対応能力	強制権を独占しているが，金融グローバル化により競争状態に置かれる	逆説的：自由競争は独占化への傾向を有す	たとえ効率を犠牲にしてでも連帯を重視するので，小さい
世界化した経済における持続可能性	完全なる資本移動性のゆえに自律性は制約される	遠距離の射程をもち，商業資本主義・産業資本主義・金融資本主義を創設した	連帯は限定された空間内でなされることなので，困難
信頼の構築	そのためには長い過程が必要だが，突然に崩壊することあり	問題あり（不正行為，機会主義，情報の非対称性，市場権力）	大いなる切り札だが地域レベルにとどまり，グローバルレベルに拡大適用できない
受容可能性と正統性	民主主義諸国では市民的要求に応える傾向，その他諸国では繁栄の約束	あらゆる自発的商品取引は正当だという，ホモ・エコノミクスの理想をたたきこむことが前提	組織レベルでは大きい（SCOP，共済組合，非営利団体）
システミック危機への対応能力	金融危機や健康危機にはかなり大きいが，気候変動には曖昧	金融危機には小さい；パンデミックにはプラットフォーム資本主義を通して驚異的；気候変動には不確実	金融危機には大きい；反パンデミック闘争に同伴；気候変動には限定的

付表8　賃労働関係・国家・社会的連帯経済間の関係の周期的再調整

制度 時期	賃労働者層	国　家	ESSの大局的性質	ESS の役割
1800-48 1847年恐慌	連合した労働と労働の権利；日雇労働者の不安定性	アソシアシオンや集団所有の抑圧	多次元的かつ地区別の労働者協同主義	包括的なオルタナティブ
1852-92 1875-92年不況	賃労働者層と失業の漸次的形成に対抗して独立の促進	次第に寛容となる；協同組合(1850-1867)	協力＋相互性＝連帯主義の「新しい学校」	職人仕事の構造化による賃労働者層の解放
1892-1940 1930年代恐慌	賃労働者層の同伴者化；社会的保護；消費へのアクセス	規約上・金銭上の承認；公的介入の内容変化	社会的進歩の制度：労働・快適生活・将来的配慮・自立	労働条件や自営業の改善を支援
1945-75 1970年代危機	女性労働の参加；労働者とボランティアの区別	公共政策および公的市場の刺激／用具	事業を管理するアソシアシオン	混合経済の補助として市場統合を促進
1975-2010 潜在的危機	統合；ボランティアの専門化；起業家；賃労働者／個人企業；雇用主機能	民営化；規制緩和；競争国家；公的融資の再検討	複数事業体からなる経済において他と同様の企業（全部ではないが）	危機の緩衝装置ならびに経済活動の革新者
2010以降 危機脱出の開始？	加担への反省；従属；労働共済組合？；複数会社員制	公共政策の共同策定？；社会・環境条項	社会的かつ市場的な企業；組織；制度	新しい社会経済的発展モデルのプリズムにして推進力

出典：Danièle Demoustier, 'L'histoire de l'ESS à travers le prisme de la théorie de la régulation,' Présentation au colloque international Recherche et régulation, 10-12 juin 2015.

付表6　各種の自主管理経験の運命

状　況	期 間	起　源	成功／失敗の影響／理由
スペイン共和国	1936-39	反共産主義の無政府主義的発想	農業での成功：工業での失敗；フランコ将軍の勝利によって終了
イスラエルのキブツ	1948-77	共同村；農工業活動	右派諸政党による政治的再検討；以後，その経済的重要性は恒常的に低下
ユーゴスラビアの経験	1950-92	国家資本主義への対案の追求	最終期には社会主義市場における企業の自律性；政治的連邦体制の分裂とともに終了
独立当初のアルジェリア	1962-76	農業分野を含む「無主地」経営の継続	強力な中央集権国家による再検討と労働の政治的コントロール
チリの経験	1970-73	経営者のスト時，賃労働者による政権奪取	わずか数か月：賃労働者にはプラス；ピノチェト将軍によるクーデターによって突如終了
フランス（Lip 社）	1973-79	労働者による破産工場の掌握	自主管理の代表的経験：国有化への対案；国家による支援の停止とともに終了
アルゼンチン	2001-17	危機への対応として若干の企業が労働者によって取り返された	ペロン主義を要求する政治運動への転換；労働者による企業奪回運動によって通貨を発行

付表7　ESS とオストロム的コモンズの関係――SCOP の例

	SCOP	コモンズ
目　標	分業の成果の分配	各種活動間での資源の分配
様　態	歴史から受け継がれた法的地位	異なる利害を和解させるプラグマティックなガバナンス
出現条件	特別なプロジェクトをめぐる労働者集団の創出	ある資源の利用をめぐる紛争の反復
市場・国家との関係	市場の限界の確認；国家との共同生産	市場および国家の各利点にかんする議論とは無縁な発明

付表5　協同組合の独自性

特　徴	業績判断基準	偶然事対処能力	社会との接合関係
1. 民間という地位	集団によって決定された目標の充足	一般に伝統的企業の対処能力よりも良好	企業にかんする特殊な法による
2. 社会的有用性	集団が定めるもの	有利な経済情勢と両立するならば対処能力あり	競争世界における社会的紐帯の保護
3. 資本より人間が優位に立つ	雇用による社会的統合	集団としての団結による	資本主義の典型的傾向と釣り合いをとる
4. 市場での作用	品質およびサービスによる差別化	マクロ経済的推移に従うことになる	競争にかんする法を通して
5. 準備金の分割不可能性	最大限利潤の判断基準における緩和	投機的熱狂に巻き込まれない	信用利用したがって成長は制限されるが長期的視野を確保する
6. 地域への定着	地域的公共財の保全	安定性／不可逆性の要因	経済崩壊時における頼みの綱
7. イノベーション能力	組織およびサービスの新しい形態	社会的団結の保持	テクノロジー的イノベーションではいささか不利

付表4　ESSの理論的想源の多様性

論　者	出版年	書　名	説　明	政治的指向
Charles Fourier	1822	『家庭・農業アソシアシオン論』	国内的農業的な結社	協同組合社会主義
Saint-Simon	1825	『新キリスト教論』	科学主義的アプローチ	自由主義兼社会主義的着想
Charles Dunoyer	1830	『社会的経済新論』	政治経済学的アプローチ	経済的自由主義
Robert Owen	1837	『社会システムの基本計画』	貧困対策のため共同体への組織化	「ユートピア」社会主義の理想
Pierre-Joseph Proudhon	1863	『労働権と財産権・連合主義論』	生産・分配拠点の複数化；自由の保証；国家中心への対抗としての相互主義	社会主義；労働者民主主義
Léon Bourgeois	1896	『連帯』	連帯主義；共同生活ルールとしての相互性	自由社会主義と社会自由主義の間
Peter Kropotkine	1902 仏語版	『相互扶助論』	社会ダーウィニズムへの対案；人類を含む種の進化への適用	無政府主義
Charles Gide	1902	「1900年万博における社会的経済報告書」	協力と結社；連帯の保証；自由の経済的道徳的効率性	集産社会主義に対抗する協同組合社会主義
Célestin Bouglé	1907	『連帯主義』	社会国家の必要性	階級闘争に対抗して私有財産擁護
Burton Weisbrod	1977	『ボランタリー非営利セクター』	市場の失敗と国家による一定の公共財資金難との穴埋め	埋め込まれた自由主義

付表3　創設以来の目的の相違に応じて多様な様相を示す

協　同 組合名	The Shore Porters Society	Fenwick	Rochdale の公正開拓者	製パン協同組合 Friedrich Wilhelm Raiffeisen
創設年	1498	1761	1844	1847
国	スコットランド (Aberdeen)	スコットランド (East Ayrshire)	イングランド	ドイツ
活動	運搬	織物，後に拡張	織物	製パン，後に信用も
法的形態	協同組合	消費協同組合	消費協同組合，後に住宅にも拡張	生産協同組合
目的	保護の相互化による労働者生活の改善	食品および書籍の共同購入	製造業者および商人への従属を終わらせること	経済危機への対応

付表2　生産協同組合は多様な経済的効果に対して特有なメカニズムに従って機能する——ミクロ経済的分析

特　徴	導入されたメカニズム	
	利　　点	難　　点
I. 対等な基礎のうえでの意思決定への参加	1. 少ない紛争，大いなる雇用安定性，能力の蓄積（Vanek 1970） 2. 努力熱心，高品質（Mills 1909） 3. 相互監視によるポジティブな協議（Cable et Fitzroy 1980） 4. 監視コストの削減（Archian et Demsetz 1972; Bowles et Gintis 1993）	5. 経営者の権限と自由裁量権の低下（Webb 1990） 6. 効率的な情報処理における困難（Marshall 1919; Jeansen et Meckling 1979; Simon 1971） 7. 資本家のポートフォリオの多様化が労働者のリスクテイクを小さくする（Meade 1972）
II. 企業の純収入の分配	8. 資本主義的企業におけるよりも努力への積極的インセンティブあり（Levin 1982）	9. 雇用に不利なレント分配（Vanek 1971） 10. 平均生産性と個別生産性の乖離はさぼりへのインセンティブとなる（Archian et Demsetz 1972） 11. 個人や中央当局による剰余取得がないので効率性が低下（Archian et Demsetz 1972）
III. 所有参加	12. 労働力の離職率は低い（Levin 1984）	13. 追加的利潤と個人的努力の乖離は最適努力にとって不都合

出典：Jacques Defourny（1988）［本書の原注（10）参照］を補足しつつ表にしたもの；表中の各種文献については上記文献を参照のこと。

付　表

付表1　社会的連帯経済におけるセクター別雇用者数

（2014年12月31日現在）

セクター	総雇用者	うち協同組合	うち共済組合	うち非営利団体	うち財団
農林・水産	11 216	6 588	0	0	0
製造・建設	51 879	46 334	0	4 753	0
うち食糧・飲料・たばこ	24 614	0	0	0	0
商業・運輸・宿泊・飲食	93 573	60 863	4 696	27 333	691
うち商業	59 648	53 808	4 501	1 159	0
金融・保険	266 337	167 297	86 531	0	0
情報・通信・不動産・企業支援	161 581	21 317	1 463	122 229	6 552
行政・教育・保険医療・社会福祉	1 499 722	0	0	130 578	26 878
うち教育	361 222	0	0	340 605	8 420
うち保健医療	179 762	0	0	130 578	26 878
うち社会福祉	868 768	0	0	907 609	37 985
社会文化活動の推進	310 914	0	0	395 326	2 453
うち芸術・ショー・娯楽	128 162	0	0	126 363	0
総　計	**2 372 812**	**308 632**	**136 723**	**1 844 647**	**83 010**

出典：Insee〔フランス国立統計経済研究所〕

第 8 章　二一世紀経済社会における連帯の位置

(37) Jérôme Saddier, *Pour une économie de la réconciliation. Faire de l'ESS la norme de l'économie de demain*, Les petits matins, 2022.

(38) こうした方向での提案としては以下を見よ。Isabelle Ferreras, *Firm as political entities, op. cit.*

(39) Victor Castanet, *Les Fossoyeurs. Révélations sur le système qui maltraite nos aînés*, Fayard, 2022.

(40) Robert Boyer, 'La codétermination sera-t-elle la forme normale du gouvernement d'entreprise?,' dans Olivier Favereau, *Traité de la codétermination*, Presses universitaires de Laval, 2022.

(41)「仲間感情」〔*affectio societatis*〕とは，同一企業への参加を決めた人びとを結びつける絆が形成されるようになっていく気持ちを意味する。

(42) Alain Caille, Marc Humber, Serge Latouche et Patrick Viveret, *De la convivialité. Dialogues sur la société conviviale à venir*, La Découverte, 2011.

(43) Organisation internationale du Travail, *Economie sociale et solidaire: notre chemin commun vers le travail décent*, 2011.

(44) 'Poverty, livelihood and sustainable development,' dans Giec, *Climate change 2022. Impacts, adaptation and vulnerability*, Cambridge University Press, 2022, p. 1171-1274.

(45) Lucas Chancel, 'Il peut y avoir des alliances entre le climat et la question sociale,' *Le Monde*, 19 août 2022.

(46) Dennis Meadows, Donella Meadows and Jorgen Randers, *Les limites à la croissance (dan un monde fini). Le rapport Meadows, 50 ans après*, Rue de l'Ethiquier, 2022.

(47) Karl Polanyi, *The Great Transformation*, Farrar & Reinhart, 1944〔野口建彦／栖原学訳『[新訳] 大転換——市場社会の形成と崩壊』東洋経済新報社，2009 年〕.

結　論

(48) Robert Boyer, *Economie politique des capitalismes: Théorie de la régulation et des crises*, La Découverte, 2015〔原田裕治訳『資本主義の政治経済学——調整と危機の理論』藤原書店，2019 年〕.

(49) Luc Boltanski et Laurent Thévenot, *De la justification: Les économies de la grandeur*, Gallimard, 1991〔三浦直希訳『正当化の理論——偉大さのエコノミー』新曜社，2007 年〕.

(23) Zvi Galor, 'Le mochav classique et ses départements en Israël,' *Recma*, n° 336, 2015, p. 95-103.

(24) Ingrid Hanon, 'Agriculture urbaine et autogestion à Cuba,' *Recma*, n° 337, 2015, p. 84-99.

(25) Henry Noguès. Jean-François Draperi, 'Quand les pouvoirs publics qualifient l'ESS,' *Recma*, n° 349, 2018 からの再引。

(26) Philippe Eynaud et Adrien Laurent, 'Articuler communs et économie solidaire: une question de gouvernance?,' *Recma*, n° 345, 2017, p. 27-41.

(27) Elinor Ostrom, *Governing the Commons*, *op. cit.*

(28) Jordane Legleye, 'ESS et biens communs, un même coin entre "l'Etat et le marché"?,' *Recma*, 2011.

(29) Pierre Dardot et Christian Laval, *Commun. Essai sur la révolution au XXIe siècle*, La Découverte, 2014.

第６章　「社会的連帯経済」の拡大と縮小

(30) Sandrine Ansart, Amélie Artis, et Virginie Monvoisin, 'Les coopératives: agent de régulation au cœur du système capitaliste?,' *La Revue des sciences de gestion*, n° 269-270, 2014, p. 111-119.

(31) Christophe Ramaux, *L'Etat social. Pour sortir du chaos néoliberal*, Fayard/Mille et une nuits, 2012.

第７章　金融危機・健康危機・環境危機と「社会的連帯経済」

(32) Danièle Demoustier, 'L'histoire de l'ESS à travers le prisme de la théorie de la régulation,' présentation au colloque international Recherche et régulation, 10-12 juin 2015.

(33) Alain Lipietz, *Pour le tiers-secteur. L'économie sociale et solidaire: pourquoi, comment*, La Découverte/La Documentation française, 2001〔井上泰夫訳『サードセクター――「新しい公共」と「新しい経済」』藤原書店，2011年〕.

(34) Jean-Louis Laville, 'L'association comme lien social,' *Connexions*, n° 77, 2002, p. 43-54.

(35) Gabriel Colletis et Danièle Demoustier, 'L'économie sociale et solidaire face à la crise: simple résistance ou participation au changement?,' *Recma*, n° 325, 2012, p. 21-35.

(36) Isabelle Ferreras, *Firm as political entities. Saving democracy through economic bicameralism*, Cambridge University Press, 2017.

une synthèse de débat sur les effets économiques de la participation,' *Mondes en développement*, tome 16, volume 61, 1988, p. 139-153.

(11) 自動車産業における労働過程の分析が示唆するところによれば，反対に，認識の共有化は労働の集合的知識をもたらす可能性があり，生産性も労働福祉も顕著に促進される。Michel Freyssenet, '"La production réflexive," une alterenative à la "production de masse" et à "production au plus juste"?,' *Sociologue de travail*, n° 37, 1995.

(12) Hugues Sibille, 'L'ESS dans les dynamiques collectives de territoire en transition. Le territoire comme possibilité,' *Recma*, n° 364, 2022, p. 206-216.

(13) Joseph E. Stiglitz, 'Moving beyond market fundamentalism to a more balanced economy,' *Annals of Public and Cooperative Economics*, n° 80(3), 2009, p. 345-360.

(14) Nicole Notat et Jean-Dominique Senard, 'L'entreprise, objet d'intéret collectif,' rapport aux ministres de la Transition écologique et solidaire, de la Justice, de l'Economie et des Finances, et du Travail, 2018. 使命感ある企業の長所とは，企業がその定款で，社会的かつ環境的な存在理由と目標を自らに課していることが必要とされ，かつ，それを実行しているかどうかは独立の第三者機関によって規則的に検証されていることを意味する。

第４章　テクネーとしての「社会的連帯経済」論

(15) Thomas Lamarche et Catherine Bodet, 'Des coopératives de travail du XIXe siècle aux CAE et aux Scic: les coopératives comme espace méso critique,' *Recma*, n° 358, 2020.

第５章　自主管理プロジェクトの教訓

(16) Eric Dacheux et Daniel Goujon (dir.), *Réconcilier démocratie et économie*, *op. cit.*

(17) これによって以下の分析は正当化される。Eric Bidet, 'L'insoutenable grand écart de l'économie sociale. Isomorphisme institutionnel et économie solidaire,' *Revue du Mauss*, n° 21, 2003, p. 162-178.

(18) Bernard Perret et Guy Roustang, *L'Economie contre la société*, *op. cit.*

(19) Daniel Bachet, 'La banque coopérative peut-elle devenir une alternative à la finance capitaliste?,' *La Revue des sciences de gestion*, n° 255-256, 2012.

(20) この表は基本的にウィキペディアの "autogestion" の紹介に基づいて作成された。

(21) Donald Reid, *L'affaire Lip. 1968-1981*, Presses universitaires de Rennes, 2020.

(22) Maxime Quijoux et Andrés Ruggeri, 'Les entreprises récupérées face au gouvernement néoliberal argentin,' *Mouvements*, n° 97, 2019, p. 140-148.

原　注

第 1 章　市民社会の発見――市場 対 国家を超えて

(1) J. Rogers Hollingsworth et Robert Boyer (dir.), *Contemporary Capitalism: The embeddedness of institutions*, Cambridge University Press, 1997〔該当論文は長尾伸一／長岡延高編監訳『制度の政治経済学』木鐸社，2000 年，に訳載〕.

(2) 一般均衡理論は，需要と供給の自由な作用によって諸市場は同時的に均衡に到達しうる，と仮定する。

(3) Elinor Ostrom, *Governing the Commons: The evolution of institutions for collective action*, Cambridge University Press, 1990〔原田禎夫／齋藤暖生／嶋田大作訳『コモンズのガバナンス――人びとの協働と制度の進化』晃洋書房，2022 年〕.

(4) この点は以下の分析に通じていくものである。Thomas Lamarche, 'Une théorie générale ou une approche institutionnaliste pour l'économie sociale et solidaire?,' *Revue française de socio-économie*, nº 11, 2013.

(5) こうした分析枠組みは以下に負うところ大である。Bruno Théret, *Régimes économiques de l'ordre politique: esquisse d'une théorie régulationniste des limites de l'Etat*, PUF, 1992〔神田修悦／中原隆幸／宇仁宏幸／須田文明訳『租税国家のレギュラシオン――政治的秩序における経済体制』世界書院，2001 年〕.

(6) この可能性は以下の仕事に出てくる。Renaud Metereau, 'Prolonger l'approche Syal. La dimension politique des "Syal coopératives" au Nicaragua,' *Mondes en développement*, nº 178, 2017.

(7) 政治的なものの重要性は ESS〔社会的連帯経済〕にかんする研究において，明確に認識されている。その一例。Eric Dacheux et Daniel Goujon (dir.), *Réconcilier démocratie et économie. La dimension politique de l'entrepreneur en économie sociale et solidaire*, Michel Houdiard Editeur, 2010.

(8) Bernard Perret et Guy Roustang, *L'économie contre la société. Affronter la crise de l'intégration sociale et culturelle*, Seuil, 1993.

第 2 章　「社会的連帯経済」（ESS）の多様性

(9) ESS の紹介についてここでは，フランス版ウィキペディアでのそれに従う。

第 3 章　社会経済レジームの三元的構成

(10) Jacques Defourny, 'Coopératives de production et entreprises autogérées:

著者紹介

ロベール・ボワイエ（Robert Boyer）

1943年生。パリ理工科大学校（エコール・ポリテクニック）卒業。フランス財務省研究員，数理経済計画予測研究所（CEPREMAP）および国立科学研究所（CNRS）教授，ならびに社会科学高等研究院（EHESS）研究部長を経て，現在は米州研究所（パリ）エコノミスト。

著書に『レギュラシオン理論』『入門・レギュラシオン』『第二の大転換』『現代「経済学」批判宣言』『世界恐慌』，〈レギュラシオン・コレクション〉『1 危機——資本主義』『2 転換——社会主義』『3 ラポール・サラリアール』『4 国際レジームの再編』（共編著），『資本主義 vs 資本主義』『ニュー・エコノミーの研究』『金融資本主義の崩壊』『ユーロ危機』『作られた不平等』『資本主義の政治経済学』『パンデミックは資本主義をどう変えるか』『経済学の認識論』（以上いずれも藤原書店）『レギュラシオン』（ミネルヴァ書房）などがある。

訳者紹介

山田鋭夫（やまだ・としお）
1942年愛知県生。1969年名古屋大学大学院経済学研究科博士課程単位取得退学。名古屋大学名誉教授。専攻は理論経済学・現代資本主義論・市民社会論。著書に『経済学批判の近代像』（有斐閣，1985年），『レギュラシオン・アプローチ』（藤原書店，1991年;増補新版1994年），『レギュラシオン理論』（講談社現代新書，1993年），『20世紀資本主義』（有斐閣，1994年），『さまざまな資本主義』（藤原書店，2008年），*Contemporary Capitalism and Civil Society*（Springer, 2018），『内田義彦の学問』（藤原書店，2020年），『ウェルビーイングの経済』（藤原書店，2022年），*Civil Society and Social Science in Yoshihiko Uchida*（Springer, 2022）など。

自治と連帯のエコノミー

2023年12月30日　初版第1刷発行©

訳　者　山田鋭夫
発行者　藤原良雄
発行所　株式会社　藤原書店

〒162-0041　東京都新宿区早稲田鶴巻町523
電　話　03（5272）0301
FAX　03（5272）0450
振　替　00160－4－17013
info@fujiwara-shoten.co.jp

印刷・製本　精文堂印刷

落丁本・乱丁本はお取替えいたします
定価はカバーに表示してあります

Printed in Japan
ISBN978-4-86578-410-7

現代経済学への挑戦！

経済学の認識論
（理論は歴史の娘である）

R・ボワイエ
山田鋭夫訳

二〇〇八年金融危機、二〇二〇年パンデミックを経て、主流派マクロ経済学の変容と退化が暴き出された。レギュラシオン理論の立場から、ケインズの伝統から離れ、現実と歴史を見失っている経済学の現状と、専門に入り込み全体を見ない経済学者のあり方を、批判的に明らかにする。

四六上製　二〇八頁　二八〇〇円
（二〇二一年九月刊）
◇978-4-86578-359-9

UNE DISCIPLINE SANS RÉFLEXIVITÉ PEUT-ELLE ÊTRE UNE SCIENCE ?　Robert BOYER

コロナ危機の中、未来の資本主義を問う

パンデミックは資本主義をどう変えるか
（健康・経済・自由）

R・ボワイエ
山田鋭夫・平野泰朗訳

様々な〝危機〟に対応してきた資本主義の歴史をたどり、その多様なあり方を分析し提示してきたレギュラシオン経済学の旗手が、新型コロナ・パンデミックに直面し、緊急書き下ろし。

A5並製　三二〇頁　三〇〇〇円
（二〇二一年二月刊）
◇978-4-86578-302-5

LES CAPITALISMES À L'ÉPREUVE DE LA PANDÉMIE　Robert BOYER

さまざまな不平等レジームの相互依存

作られた不平等
（日本、中国、アメリカ、そしてヨーロッパ）

R・ボワイエ
山田鋭夫監修　横田宏樹訳

レギュラシオニストによる初の体系的・歴史的な〝日本の不平等分析〟も収録。不平等の縮小に向けた政策を世界に提案。ピケティ『21世紀の資本』の不平等論における貢献と限界を示し、不平等論へのレギュラシオン的アプローチの可能性を提示！

四六上製　三二八頁　三〇〇〇円
（二〇一六年九月刊）
◇978-4-86578-087-1

LA FABRIQUE DES INÉGALITÉS　Robert BOYER

「ゆたかな生（ウェルビーイング）」をめざして

ウェルビーイングの経済

山田鋭夫

岸田政権の「新しい資本主義」ビジョンに触発され、「めざすべき経済社会とは何か」（前編）と、「資本主義はどういう仕組みで変化するのか」（後編）を分析、「市民社会」と「ゆたかな生（ウェルビーイング）」をキーワードに、来るべき新しい社会の構築を企図する渾身作！

四六上製　二八八頁　二六〇〇円
（二〇二二年六月刊）
◇978-4-86578-350-6